JUDO

Dieses Buch gehört:

Platz für Autogramme:

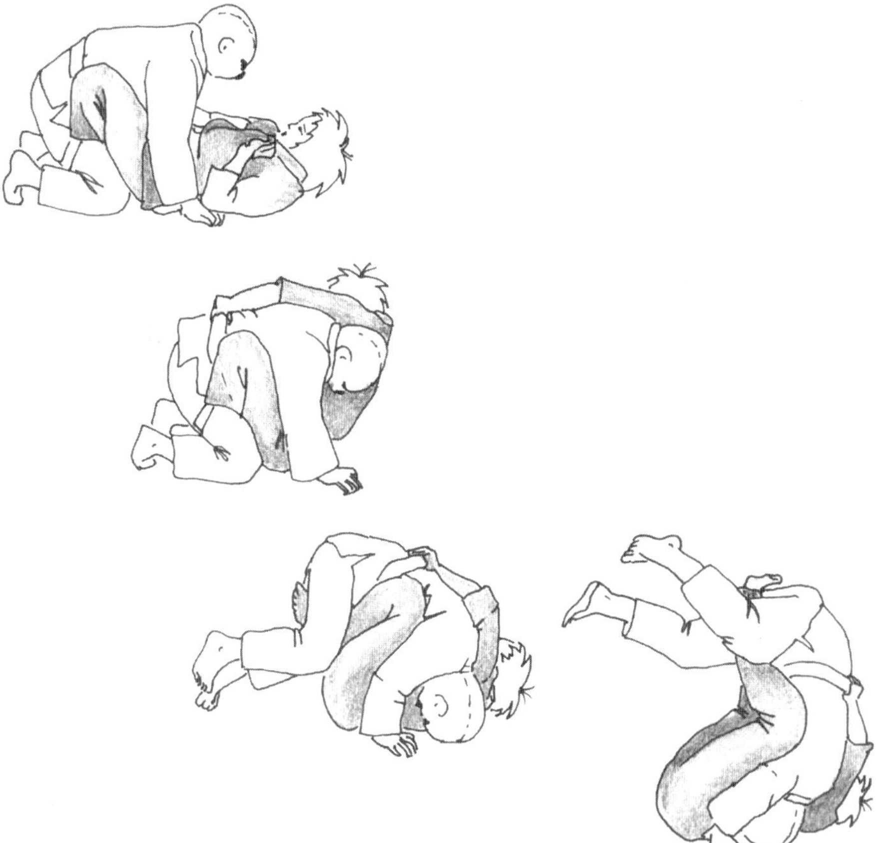

Hedda Sander/Björn Deling

JUDO

Zweiter Teil

Das gesamte Bodenprogramm von orangegrün bis braun
(4. - 1. Kyu)

REZEPTE AUS DER HEXENKÜCHE

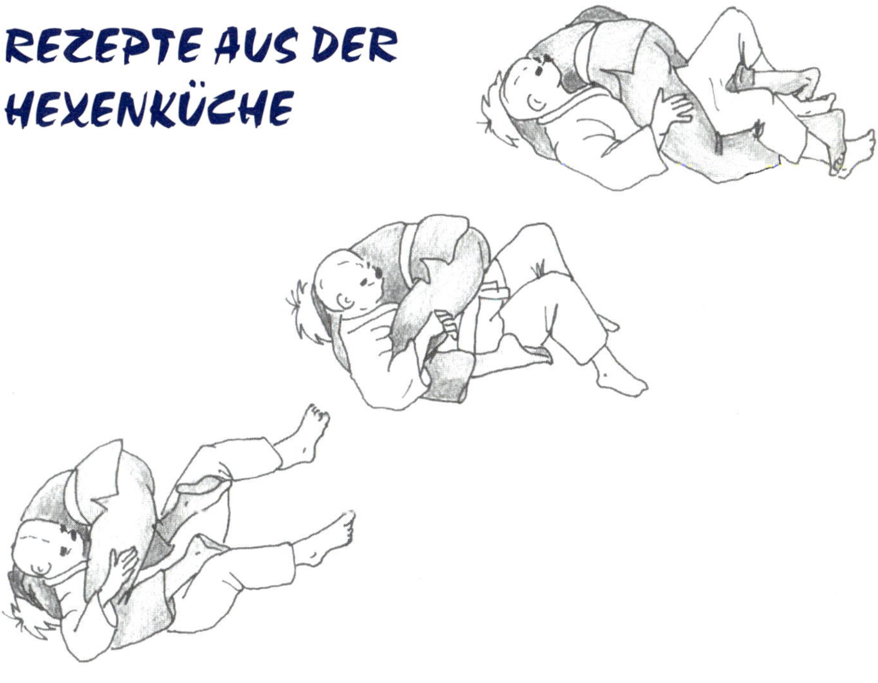

Meyer & Meyer Verlag

Die Deutsche Bibliothek - CIP Einheitsaufnahme

Sander, Hedda:
Judo : Rezepte aus der Hexenküche / Hedda Sander ; Björn Deling.
- Aachen : Meyer und Meyer, 2001
Judo-Bodenprogramm [Teil2].
Das gesamte Bodenprogramm von orangegrün bis braun. - 2001
ISBN 3-89124-685-4

Olten (CH), Wien, Oxford, Québec, Lansing/Michigan,
Findon/Adelaide, Auckland, Sandton/Johannesburg, Budapest
Member of the World
Sport Publishers' Association (WSPA)
Fotos, Illustrationen: Hedda Sander, Braunschweig
Umschlaggestaltung: Birgit Engelen, Stolberg
Umschlag- u. Satzbelichtung: frw, Reiner Wahlen, Aachen
Lektorat: Dr. Irmgard Jaeger, Aachen
Druck: Burg Verlag Gastinger GmbH, Stolberg
Printed in Germany
ISBN 3-89124-685-4
E-Mail: verlag@meyer-meyer-sports.com

INHALTSVERZEICHNIS

Inhaltsverzeichnis

Inhaltsverzeichnis

Vorwort für Kinder

Vorwort für Kinder

Liebe Judokids,

viele von euch haben uns nach dem Erscheinen von Band 1 des Bodenprogramms beim Training immer wieder gedrängt: „Wann kommt denn endlich das versprochene zweite Buch mit den Bodentechniken heraus? Welche Techniken sollen wir denn nun können und wo können wir sie noch einmal nachlesen?"

Nun, da haben wir uns tüchtig angestrengt, um auch euch Fortgeschrittenen bei euren Fragen weiterzuhelfen. Wir haben über die vielen verschiedenen Situationen im Boden genau nachgedacht, wie sie im Randori und im Wettkampf vorkommen. Dabei haben wir uns bemüht, für euch einen Technikkanon zusammenzustellen, der die Vorgaben der Prüfungsordnung mit Leben erfüllt, und der sich an genau solchen Wettkampfsituationen im Bodenkampf orientiert.

Das Ergebnis ist das Buch in eurer Hand. Es begleitet euch vom Orange- bis zum Braungurt, um euch als Fortgeschrittene weiterzuhelfen. Auch für die Bodentechniken gilt, dass gute Bilder oft mehr aussagen als der beste Text, dass aber Fotografien häufig nicht alle wichtigen Phasen einer Technik erfassen. Also haben wir für euch alle hier gezeigten Techniken zunächst auf Video festgehalten. Daraus sind die Zeichnungen der euch schon aus dem Standprogramm bekannten Figuren von Hexe und Bär entstanden, die euch wie in einem Zeichentrickfilm nun alle wesentlichen Punkte einer Technik zeigen. TORI (der Aktive) ist dabei immer dunkel, UKE (der, mit dem etwas gemacht wird) immer hell gezeichnet. Besonders wichtige Dinge stehen dazu in den Spruchblasen um die Figuren herum.

Eine Beschreibung der Bodentechnik begleitet die Bilder und als Gedächnisstütze für besonders wesentliche Bewegungen gibt es einen kurzen Merkspruch, eine Art Zauberformel, die euch vielleicht bei der Prüfung hilft, wenn ihr mal was verwechselt oder vergessen habt.

Die zusätzlich zu jeder Technik vorhandenen Übungsblätter sollen euch helfen, euer Verständnis für die neue Bewegung zu vertiefen und euch für die Prüfung fit zu machen. Wer die darin enthaltenen Aufgaben versteht und locker beantworten kann, sollte später bei Prüfungsfragen keinerlei Schwierigkeiten mehr haben. Anhand dieser Blätter könnt ihr euch auch Gedanken über die realistische Ausgangssituation für eine Bodentechnik im Kampf und mögliche Kombinationen mit weiteren Techniken machen, was euch helfen kann, eine ganze Handlungskette zu entwickeln.

Vorwort für Kinder

Die Bücher über die Bodentechniken haben wir so aufgebaut, dass ihr zunächst eine Zusammenfassung wichtiger Punkte von verschiedenen Grundtechniken (Haltegriffe, Hebel- und Würgetechniken) im ersten Band über das Bodenprogramm vorfindet. Ein Überblick über einige wichtige Handlungskomplexe schließt sich dort an. Die anschließenden Beschreibungen von Einzeltechniken in beiden Büchern zum Bodenprogramm bauen oft auf diesen Dingen auf, und, wenn ihr mal was vergessen habt, ist es leicht, vorn schnell noch einmal nachzusehen.

Es folgen nach den Anforderungen für die verschiedenen Gürtelfarben geordnet die Bodentechniken, die ihr in Antwort auf eine bestimmte Wettkampfsituation im Boden ausführen könnt, wie es die Prüfungsordnung verlangt. Sie werden zunächst einzeln beschrieben und dann folgen die entsprechenden Fragen und Übungen dazu, auch Technikwiederholungen fehlen nicht. Ausschneidebögen, die ihr zum Basteln dabei braucht, sind hinten im Buch zu finden. Die Lösungen stehen im Anhang des Buches, versucht aber erst einmal, die Fragen allein zu lösen! Es fehlen in diesem Buch die Standtechniken, die ihr im Buch: „Judo - Das gesamte Standprogramm" finden könnt.

So, jetzt wisst ihr genug, um mit dem Lernen zu beginnen, aber vergesst dabei eines nicht: Judo könnt ihr nur lernen, wenn ihr die Techniken unter Anleitung mit einem geduldigen Partner übt, übt und wieder übt! Das Lesen eines Buches reicht allein nicht aus, um die nötige Geschmeidigkeit zu erwerben, die ihr zur korrekten Ausführung der hier beschriebenen Techniken braucht. Dabei solltet ihr auch immer daran denken, dass ihr die Verantwortung für euren Partner mittragt, denn mit einem plötzlich verletzten Partner könnt ihr schließlich nicht mehr üben! Und wenn ihr einmal eine Frage habt, wendet euch an euren Trainer. Er wird euch bestimmt helfen, eure Fragen zu klären.

Viel Spaß beim Lernen wünschen euch:

Eure kleine Hexe und euer kleiner Bär

Vorwort für Übungsleiter

Liebe Übungsleiter,

das vorliegende Buch „Judo – Das gesamte Bodenprogramm von orangegrün bis braun (4.-1. Kyu)" beschäftigt sich mit dem Bodenprogramm der neuen Prüfungsordnung. Es entstand aus dem Bedürfnis heraus, den Kindern und auch den Eltern genauere Informationen für eine Gürtelprüfung an die Hand zu geben.

Infolge des Aufbaus der Bodenprüfungsordnung, die sich weniger an bestimmten Techniken als an vorgegebenen und für den Wettkampf realistischen Situationen orientiert, erschien dies besonders notwendig, da sich viele der Lernenden an den ungewohnten kreativen Spielraum, den ein solcher Aufbau zulässt, nur zögernd heranwagen.

Wir wollten die Kinder anregen, sich über die Trainingszeiten hinaus gedanklich kreativ mit dem Judo-Bodenprogramm auseinander zu setzen und auf kindgerechte Weise das Verständnis für komplexe Zusammenhänge wecken. Für eine solche aktive Mitarbeit bot sich wieder die Form eines Mit- und Nachmachbuches zur Vertiefung der im Unterricht erarbeiteten Zusammenhänge und Bewegungsabläufe an.

So haben wir zu den verschiedenen vorgestellten Bodentechniken jeweils Übungsmaterial auf gesonderten Blättern zusammengestellt, das diese aktive Form der Auseinandersetzung anregt. Die Übungen sind altersgerecht dem jeweiligen erforderlichen Mindestalter laut APO angepasst und von Kindern gut selbstständig zu erarbeiten.

Dabei werden sich naturgemäß die jüngeren Kinder eher den Sprechblasen mit den Knotenpunkten in den Comiczeichnungen und den Zauberformeln zuwenden, die Älteren aber zunehmend auch den ausführlicheren Text lesen.

Im Training und für die Prüfungen der unteren Kyustufen sollte man sich den konditionellen und koordinativen Fähigkeiten der Kinder entsprechend allerdings mit „einer Form von" einer Technik zunächst begnügen, wie es ja auch die geltende Prüfungsordnung ermöglicht.

Das zusammengestellte Übungsmaterial wurde von uns und mehreren anderen Übungsleitern in etlichen Gruppen über zwei Jahre hinweg getestet. Dabei wurden die Übungsmaterialien teils von den Kindern allein zu Hause bearbeitet, teils im Unterricht in methodische Übungsreihen oder induktive Methoden eingebunden.

Vorwort für Übungsleiter

Zusätzlich wurden den Kindern selbstverständlich Hilfsanweisungen für das Verhalten von UKE gegeben, um vorausgesetzte Wettkampfsituationen im Boden realistisch stellen zu können. Es fiel eine erheblich höhere Motivation der Kinder auf, die sich aktiv mit dem Übungsmaterial beschäftigten. Sie beteiligten sich deutlich aktiver und interessierter am Unterricht und als Folge dieser aktiven Lernhaltung wurden von ihnen sehr schöne Prüfungen abgelegt.

Wir wünschen dem „Judo - Bodenprogramm" ebenfalls einen solch „bärigen" Erfolg wie dem „Judo - Standprogramm" und allen, die es mit einem solchen „verhexten" Mit- und Nachmachbuch versuchen wollen, viel Glück.

Dr. Hedda Sander und Björn Deling

Vorwort für Eltern

Liebe Eltern,

viele von Ihnen werden mit Vergnügen Ihre Kinder beim Schmökern in „Judo - Das gesamte Standprogramm" begleitet haben. Das vorliegende Buch widmet sich wieder mit Hilfe von Hexe und Bär den zugehörigen Bodentechniken, die allein mit ihren weit über hundert Haltegriffen, Hebel- und Würgetechniken, Umdrehern und Stand-Boden-Übergängen den Judosport enorm bereichern. Dabei reicht das vorliegende Buch für Fortgeschrittene vom 4.-1. Kyu. Das neue Bodenprogramm lässt dabei mit seinen Vorgaben von bestimmten Situationen, die dem Kenntnisstand der Kinder entsprechend technisch bewältigt werden sollen, viel Spielraum zur Entwicklung von Kreativität bei der Technikumsetzung. Auch beim Lernen von neuen und Wiederholen von bekannten Techniken, mit denen eine vorgegebene Situation bewältigt werden kann, lernen die Kinder so, gestellte Probleme kreativ und auf vielfältige Weise zu lösen.

Beim Erlernen der neuen Bewegungsabläufe wird Beobachtungsfähigkeit und Konzentrationsvermögen Ihres Kindes gefördert, gleichzeitig werden zunehmend Koordination und Motorik, dem altersentsprechenden Entwicklungsstand angepasst, geschult. Da Schlag- und Stoßtechniken aus der olympischen Disziplin Judo entfernt wurden, wird Ihrem Kind dabei die Möglichkeit der unmittelbaren körperlichen Erfahrung beim Rangeln mit dem Partner ohne Gefährdung geboten. Dieses Erleben mit dem Partner beim Rangeln nach Regeln baut Aggressionen ab, fördert mit Erfolgserlebnissen und über den Umgang mit kleinen Niederlagen aber auch das Selbstbewusstsein.

Begleiten Sie die Persönlichkeitsentwicklung Ihres Kindes in dieser Richtung ein Stück weit, indem Sie Interesse an den im Training neu erworbenen Fertigkeiten zeigen und vielleicht auch gemeinsam die im vorliegenden Buch gezeigten Bodentechniken anschauen und zum Nachdenken und Üben ermuntern!

Viel Spaß beim gemeinsamen Lesen wünschen

Eure kleine Hexe und euer kleiner Bär

1 BODENTECHNIKEN

Vorgaben des Bodenprogramms der Prüfungsordnung des Deutschen Judo-Bundes und ein nach diesen Vorgaben erstellter Technikkanon.

Das Mindestalter für den vierten Kyu beträgt zehn Jahre.

Prüfungsvorgaben

Übergang Stand-Boden
Zwei Haltegriffe gegen einen misslungenen TOMOE NAGE.
Oberlage
Fünf Angriffe (UKE in Bank oder Bauchlage) aus mindestens drei unterschiedlichen Ausgangspositionen von TORI.
Unterlage
Drei Angriffe aus der Rückenlage (UKE zwischen TORIs Beinen) unter Ausnutzung von UKEs Aktionen (bzw. Reaktionen), die mit einer Bodentechnik beendet werden sollen.

1.1 PRÜFUNGSVORGABEN
zum Orangegrüngurt

Technikkanon

Übergang Stand-Boden

Zwei Haltegriffe gegen einen misslungenen TOMOE NAGE.

- Aussteigen aus TOMOE NAGE zum KAMI SHIHO GATAME.
- Blocken von TOMOE NAGE zum YOKO SHIHO GATAME.

Zusatz - Fortführung des eigenen Angriffs:

- YOKO TOMOE NAGE zum JUJI GATAME.
- YOKO TOMOE NAGE zum UDE GATAME.

Oberlage:

Fünf Angriffe gegen Bank/Bauchlage.
aus mindestens drei unterschiedlichen Ausgangspositionen von TORI.

Blocken eines Wurfes.
Umdreher gegen die Bank nach Blocken.
Wiederholung: Eckersleyhebel und Haltegriff (UKI GATAME) (siehe orange).
Wiederholung: Rollhebel zum JUJI GATAME (siehe orange).
Wiederholung: Tauchrolle zum JUJI GATAME (siehe orange).
Wiederholung: Umdreher gegen die Bank mit Doppelreverskontrolle (siehe gelb).

Boden SASAE zum SHIHO GATAME.

Unterlage:

Drei Angriffe aus der Rückenlage (UKE zwischen TORIs Beinen) unter Ausnutzung von UKEs Aktionen (bzw. Reaktionen), die mit einer Bodentechnik beendet werden sollen.

- UDE GARAMI aus der eigenen Rückenlage.
- Scheren zum TATE SHIHO GATAME.
- Rolle zum TATE SHIHO GATAME.

Bodentechniken

Bisher hast du eigene Würfe mit einer Bodentechnik fortgeführt. Hier zeigen wir, wie du einen Wurfansatz des Partners mit einem eigenen Stand-Boden-Übergang weiterführen kannst, indem du seinen Angriff ausnutzt.

Er setzt an zum TOMOE NAGE, dass du ein Rad schlägst, keine Frage, landest nun auf allen vieren, musst ihn im Stützviereck fixieren.

ZUM MITLESEN:

Dein Partner setzt schwungvoll einen TOMOE NAGE an. Du nutzt diesen Schwung aus, um zu einem Rad zu beschleunigen, das du längs über den Partner schlägst. Deine Hand setzt dabei neben seinem Kopf auf (oder auf seiner Brust).

Du landest zunächst auf allen vieren über dem Kopf des Partners und setzt einen KAMI SHIHO GATAME mit weitem Stützviereck an.

Aussteigen aus TOMOE NAGE zum KAMI SHIHO GATAME

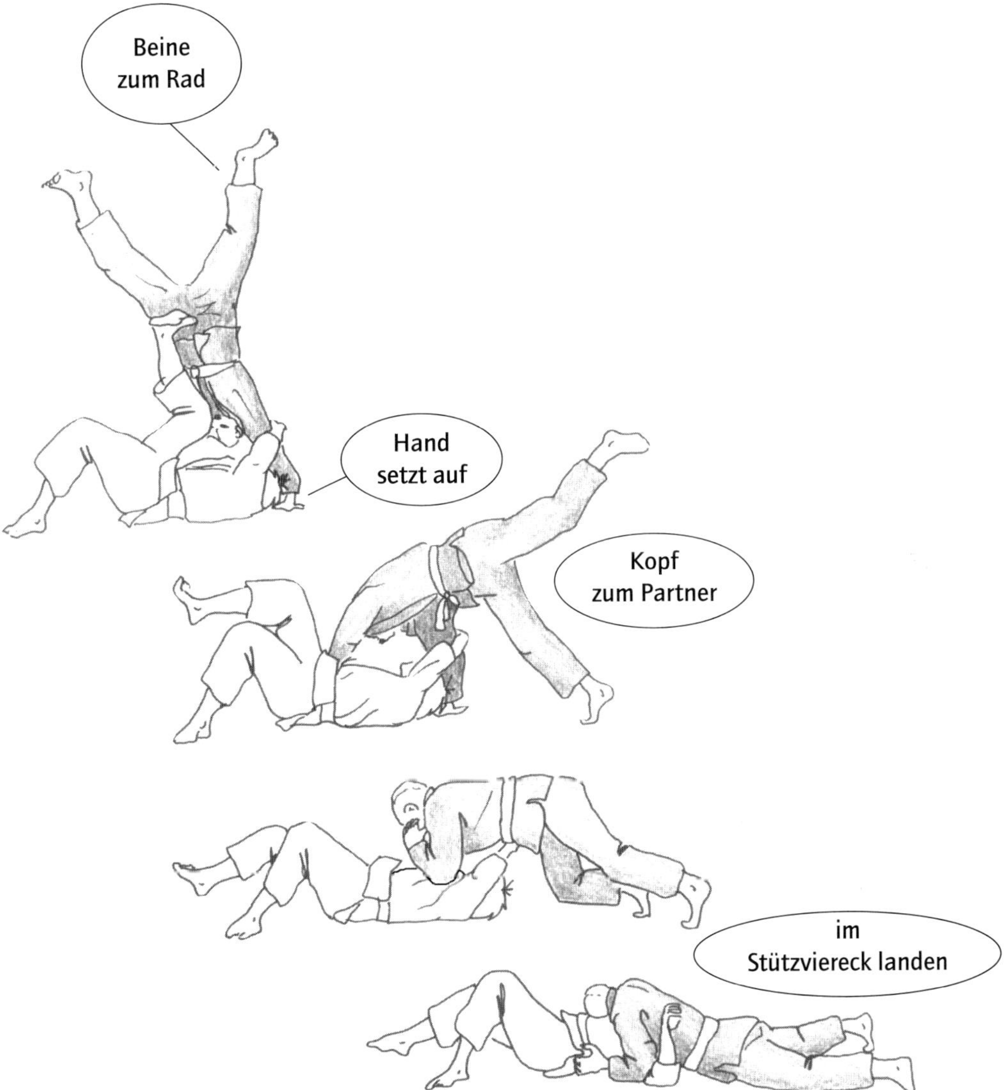

Bodentechniken

Statt den Wurfansatz des Partners mit einem Stand-Boden-Übergang schwungvoll fortzuführen, kannst du seinen Wurfansatz auch blocken, um eine eigene Bodentechnik anzusetzen:

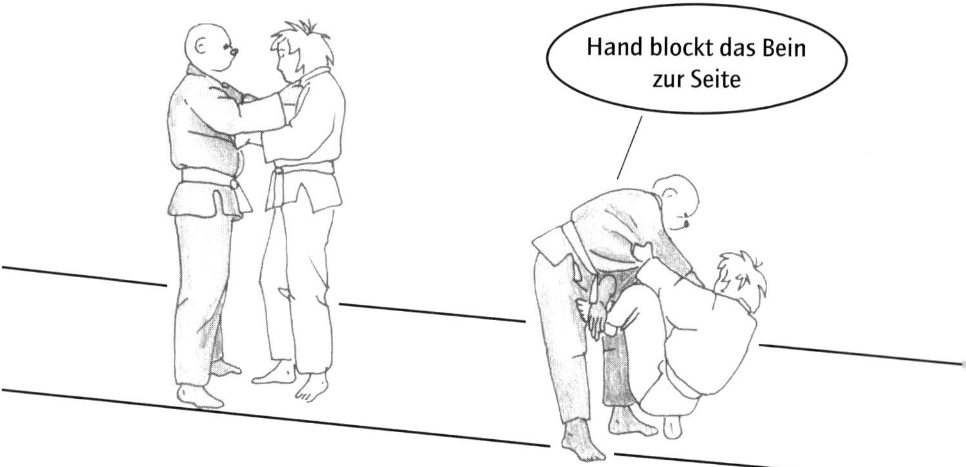

ZUM MITLESEN:

Dein Partner setzt einen YOKO TOMOE NAGE an. Noch ehe er seinen Fuß in deine Leiste setzt, schiebst du sein Bein mit deinem Handrücken zur Seite und drehst den Partner mit den Händen, bis er quer vor dir liegt. Du nimmst die Hand unter seinen Kopf und baust ein Stützviereck zum YOKO SHIHO GATAME auf.

Blocken von TOMOE NAGE zum YOKO SHIHO GATAME

Setzt er an, blockst du sein Bein
und drehst ihn in den Boden rein ...

Bodentechniken

Bei den vorausgegangenen Stand-Boden-Übergängen hast du Selbstfalltechniken des Partners für eine eigene Bodentechnik genutzt. Hier lernst du, eine eigene Selbstfalltechnik im Boden weiterzuführen:

ZUM MITLESEN:

Du setzt einen YOKO TOMOE NAGE an. Der Partner senkt seinen Schwerpunkt und bleibt stehen. Sein Block ist aber nicht energisch genug, um deine Drehbewegung zu stoppen, die du nun als Russenhebel weiterführst: Die Armhand hält den Partner fest, deine Revershand fasst sein Bein und du drehst dich mit dem Kopf zu seinem Fuß. Dein freies Bein schwingt über seinen Kopf. Du hältst seinen Arm gut fest und kippst ihn mit dem Bein ab. Deine Hand, die an sein Bein gefasst hat, kippt ihn mit über und du setzt einen JUJI GATAME an.

Zusatz: YOKO TOMOE NAGE zum JUJI GATAME

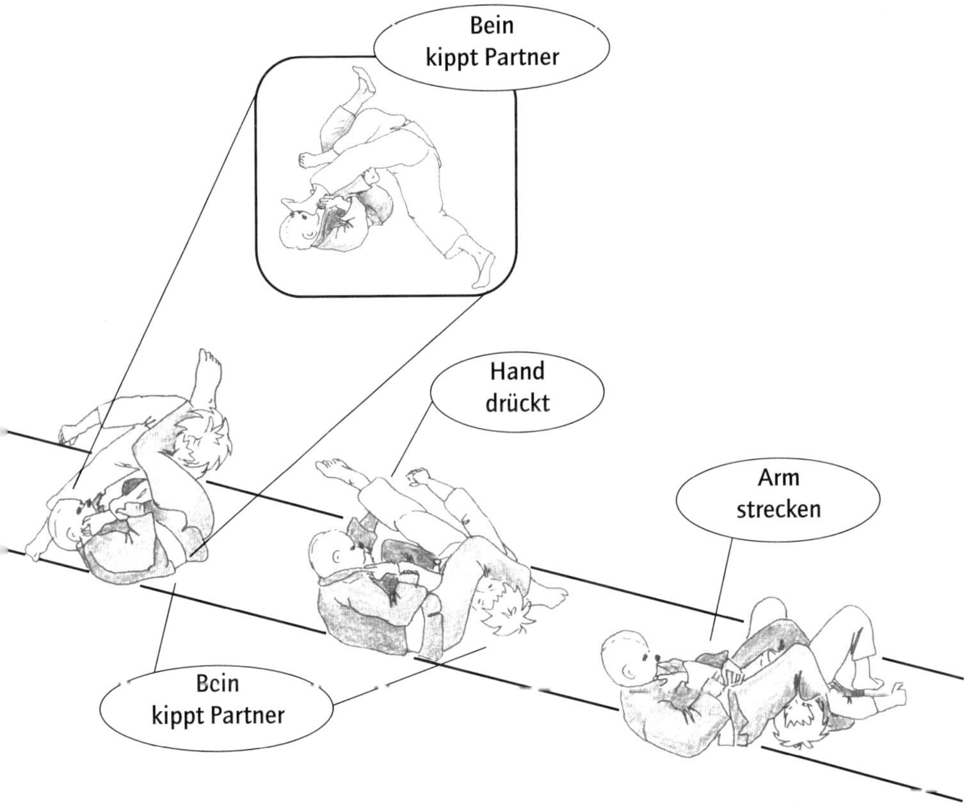

Bleibt er bei diesem Wurfe stehen,
musst du zum Russenhebel gehen:
Dein Bein kippt ab, die Hand hilft mit,
JUJI GATAME heißt dein Hit!

Bodentechniken

Blockt dein Partner energisch, versuche es mit dieser Variante:

Lässt er dich nicht zum Wurf eindrehen?
In die andere Richtung gehen,
mach ihn flach mit deinem Bein,
zum Hebel klemm den Arm noch ein.

Zusatz: YOKO TOMOE NAGE zum UDE GATAME

ZUM MITLESEN:

Du setzt einen (YOKO) TOMOE NAGE an. Dein Partner blockt deinen Ansatz frühzeitig und energisch, sodass deine Drehbewegung gestoppt ist. Auf dem Rücken liegend drehst du dich nun in die andere Richtung (Kopf von seinen Beinen weg), schwingst dein freies Bein über seine Schulter und fixierst den Arm des Partners (der noch am Revers gefasst hat) zwischen deinem Kopf und deiner Schulter. Du drückst ihn mit deinen Beinen auf den Boden und schiebst ihn mit dem Knie deines – immer noch in seiner Leiste eingestemmten – Beins von dir weg, sodass sein Arm lang wird. Die zweite Hand fasst nun auch an seinen eingeklemmten Arm. Durch Drücken auf seinen Ellbogen und durch Drehen setzt du nun einen UDE GATAME an.

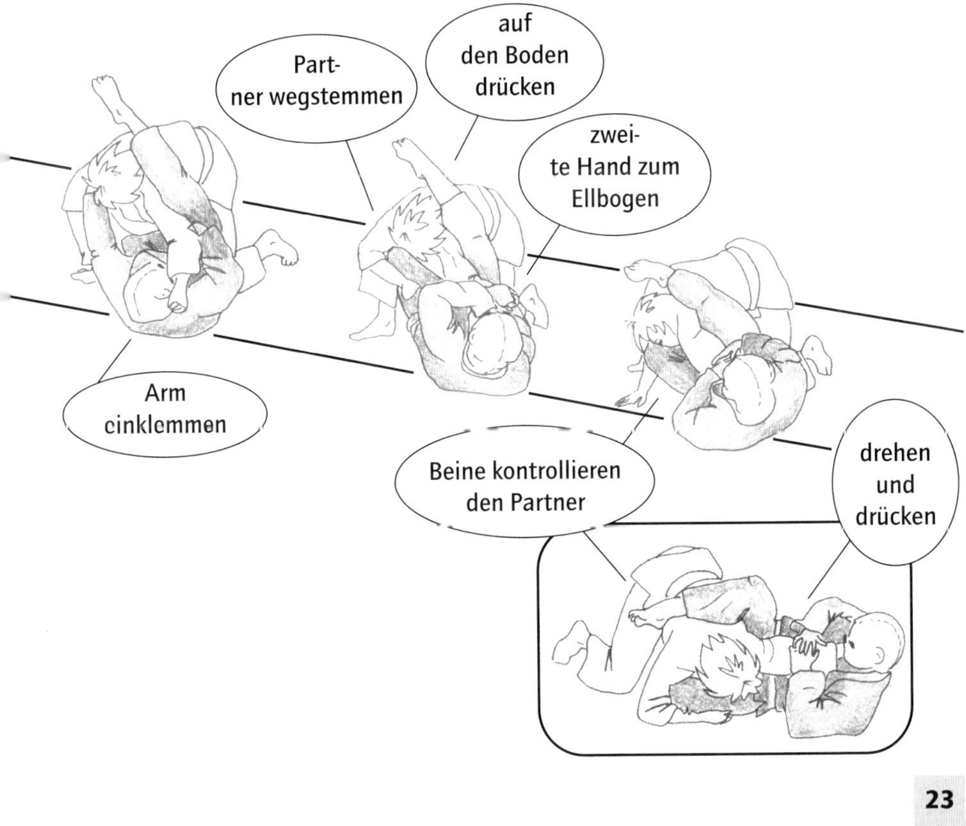

Bodentechniken

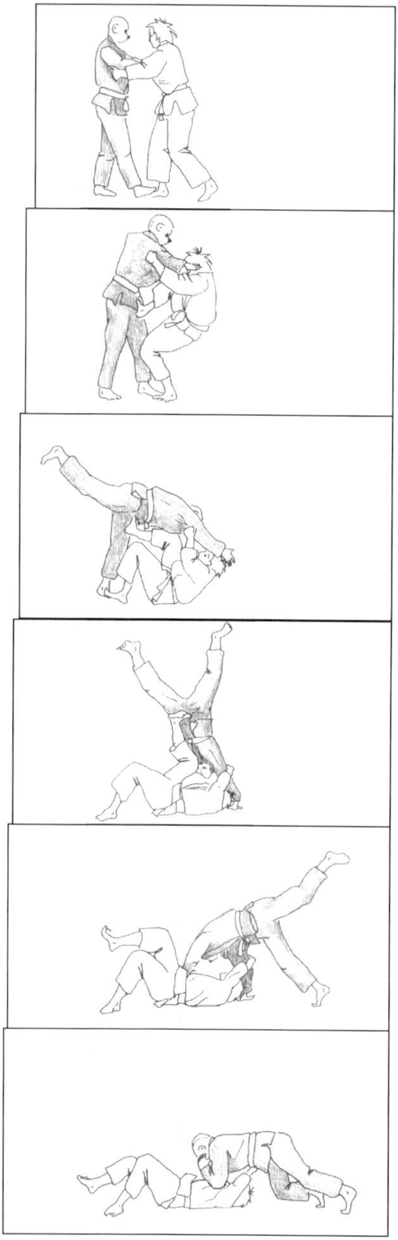

Aufgabe 1

Welchen Stand-Boden-Übergang stellt die Technik links dar? Bastele dir aus den Bildern ein Daumenkino!

____

Aufgabe 2

Du kennst zwei unterschiedliche Möglichkeiten für die Übernahme eines gegnerischen Wurfs in einen eigenen Stand-Boden-Übergang. Welche sind das?

1. ______________________________

2. ______________________________

ÜBUNGEN (Stand-Boden-Übergänge)

Aufgabe 3
Du kannst Stand-Boden-Übergänge als Fortführung einer eigenen Technik oder als Übernahme eines gegnerischen Angriffs ausführen. Nenne je drei Beispiele!

Fortführung eines eigenen Angriffs:	Übernahme einer gegnerischen Technik:
____________________	____________________
____________________	____________________
____________________	____________________
____________________	____________________

Aufgabe 4
Betrachte die nebenstehenden Bilder. Zu welchen Hebeln werden sie führen? Vervollständige nun folgende Sätze:

Wenn ______________________________

____

dann führe ich den YOKO TOMOE NAGE zum JUJI GATAME weiter.

Wenn ______________________________

____

dann führe ich den YOKO TOMOE NAGE zum UDE GATAME weiter.

Blocken kannst du auch Eindrehtechniken. Wird der Block stark ausgeführt, landet der Partner häufig vor dir in der Bank. Je schneller du nun angreifst, umso weniger Zeit hat er, eine Verteidigung aufzubauen. Übe daher Stand-Boden-Übergänge häufig, um deine Bewegungen zu automatisieren und damit schneller zu machen!

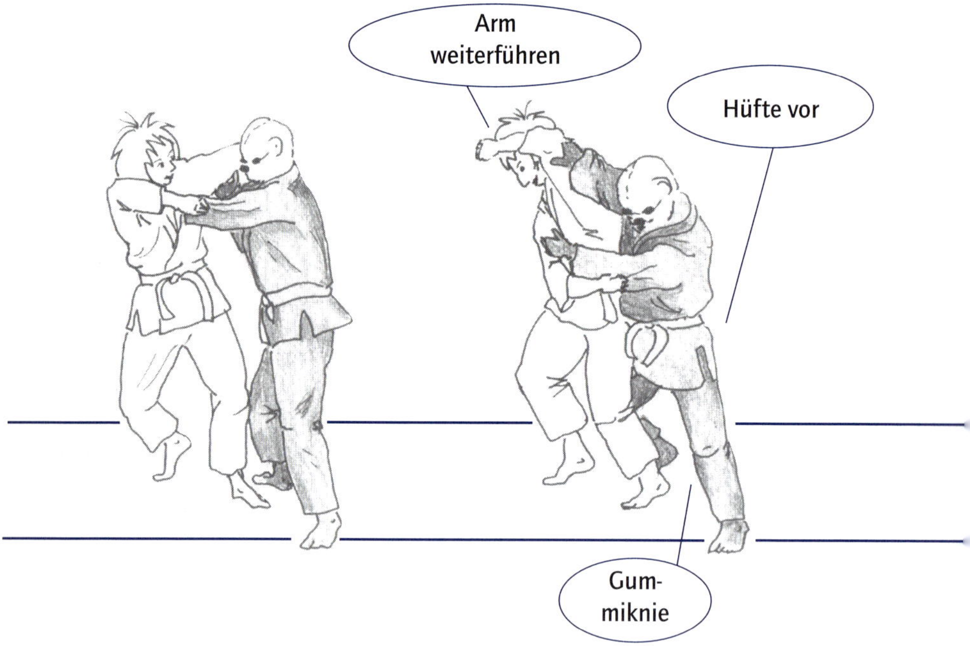

ANSATZ BLOCKEN

ZUM MITLESEN:

Der Partner setzt eine Eindrehtechnik an.
Du blockst: Du verlagerst deinen Schwerpunkt nach unten, schiebst die Hüfte explosiv vor und drehst sie entgegen der Eindrehbewegung des Partners. Seinen Arm führst du am Ellbogen an dir vorbei. Nun zwingst du ihn durch Belastung in den Boden. Eine Hand drückt in seinen Rücken, deine Hüfte bleibt tief.
Erst wenn seine Eindrehbewegung vollkommen unterbrochen ist, kannst du mit einer Bodentechnik nachgehen.

BLOCKEN EINES WURFS

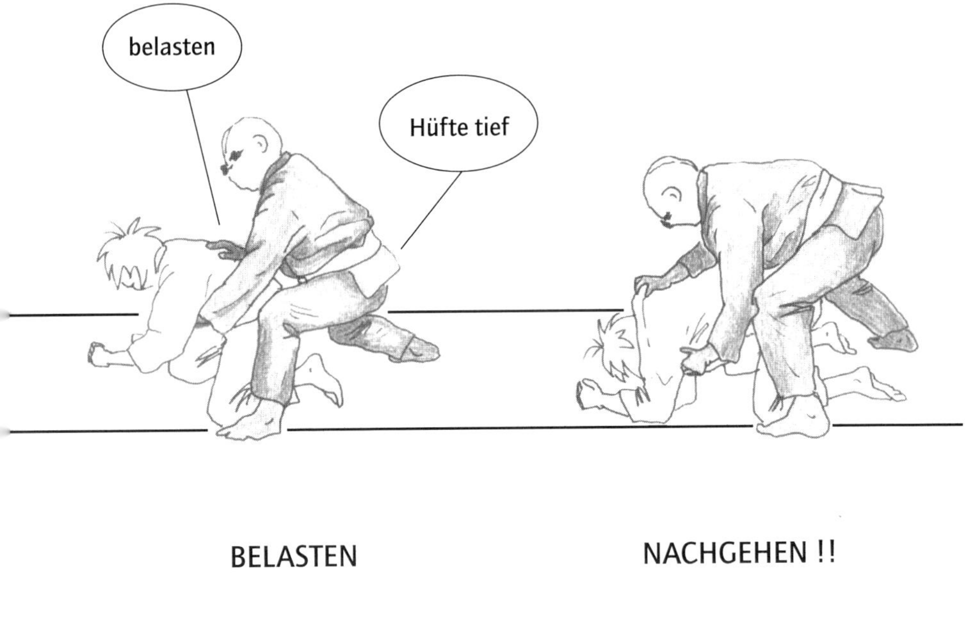

BELASTEN

NACHGEHEN !!

Gummiknie und Schwerpunkt tief,
die Hüfte vor, ganz explosiv!

Bodentechniken

Nach dem Blocken erfolgt der Angriff gegen die Bank. Hier nutzt du die Fassart aus dem Stand weiter:

ZUM MITLESEN:

Du blockst eine Eindrehtechnik des Partners bis in die Bank. Deine Fassart an seinem Revers behältst du bei, die andere Hand belastet seinen Rücken. Nimm dabei den Fuß für einen stabilen Stand vor. Du greifst zum Nackenrevers des Partners, belastest ihn dabei mit dem Ellbogen weiter. Nun schwingst du herum: Dein Knie blockiert das Knie des Partners und du kippst ihn vor dich. Durch Zug der Revershand und Druck im Nacken drehst du ihn auf den Rücken und schiebst ihn mit dem Unterschenkel weg, bis er neben dir liegt.

UMDREHER GEGEN DIE BANK
nach Blocken

Blocken, nachgehen, umgedreht,
weg die Beine, so weit es geht.

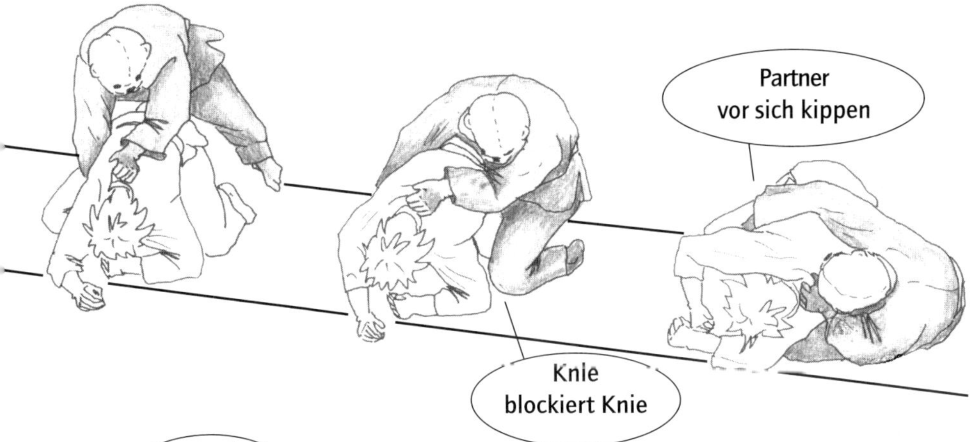

Du rutschst weiter von ihm ab. Dein Kopf belastet jetzt seine Brust, während du einen Hüftwechsel von ihm weg durchführst und im Stützviereck zum KAMI SHIHO GATAME landest. Achtung: Deine Hände behalten bei dieser Technik ihre Fassart bei!

Bodentechniken

Diese Technik nach dem Blocken eignet sich eher als Überraschung gegen eine schon geschlossene Bank.

ZUM MITLESEN:

Der Partner ist vor dir in der tiefen Bank. Du greifst von hinten mit der Handfläche nach oben in seinen Gürtel und trittst seitlich an ihm vorbei. Dein zweites Bein schwingst du herum, um dich auf der anderen Seite hinzusetzen. Die Kniekehle deines langen Beins legst du über den Kopf des Partners und belastest ihn. Damit machst du ihn rund und rollst ihn durch kräftiges Ziehen am Gürtel und Schieben der Hand über, wobei dein Bein seinen Kopf blockiert.

BODEN SASAE zum SHIHO GATAME

Umlaufen, Bein blockiert den Kopf,
roll ihn über seinen Schopf!

Dein zweites Bein wandert zunächst mit über den Kopf des Partners, damit er sich nicht aufrichtet. Nun drehst du dich auf den Partner, belastest ihn mit dem Kopf und wanderst mit den Füßen von ihm weg. Ein Hüftwechsel bringt dich ins Stützviereck des SHIHO GATAME.

Bodentechniken

Aufgabe 1

Nenne die wichtigsten Punkte, die du beim Blocken beachten sollst.

1. ______________________________

2. ______________________________

3. ______________________________

4. ______________________________

Aufgabe 2

Schau dir das Bild vom Umdreher gegen die Bank nach Blocken an.
Zeichne die Drehbewegung des Partners und deine eigene Drehbewegung mit Pfeilen ein. Warum muss dein Knie sein Knie beim Drehen blockieren?

____

____

____

____

____

____

____

____

ÜBUNGEN
(Stand-Boden-Übergänge)

Aufgabe 3
Dein Partner dreht eine Linkstechnik ein. Mit welcher Hüfte blockst du?

Aufgabe 4
Das nebenstehende Bild zeigt den Boden SASAE. Warum musst du das Knie über seinen Kopf legen?

Bodentechniken

Aus der eigenen Rückenlage, einer günstigen Angriffsposition, hast du schon Angriffe entwickelt, die mit Haltegriff oder Streckhebel abgeschlossen werden. Hier lernst du, aus dieser Situation heraus, einen Beugehebel kennen, eine nicht sehr aufwendige Technik, die sich ergibt, wenn dein Partner seinen Arm an der Seite unbeachtet lässt.

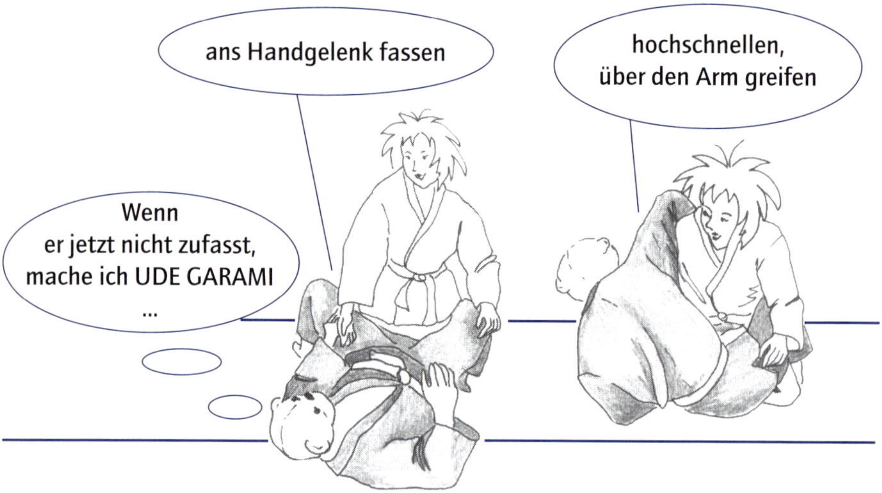

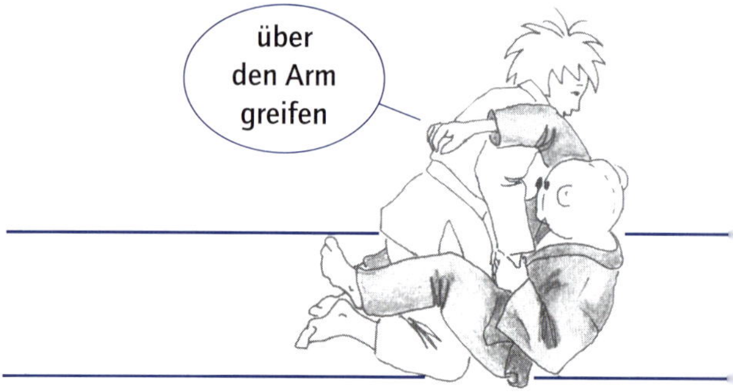

Hochgeschnellt, Arm umgebogen und auf den Rücken hochgezogen!

UDE GARAMI
aus der eigenen Rückenlage

ZUM MITLESEN:

Du liegst in der eigenen Rückenlage, den Partner zwischen den Beinen. Du greifst an sein Handgelenk, schnellst hoch und greifst mit der anderen Hand über seine Schulter und seinen Arm. Während du sein Handgelenk auf seinen Rücken führst, gleitet deine Hand (Handfläche nach außen) unter seinen Unterarm. Du belastest ihn dabei mit deinem Ellbogen, um ihn leichter in die Bodenlage zu bekommen. Während du seinen Arm am Handgelenk immer weiter auf seinen Rücken biegst, ziehst du ihn mit dem Handrücken der anderen Hand in Richtung seines Kopfes.

TIPP: UDE GARAMI lässt sich auch aus dem Armfangen heraus oder bei einem Partner in der Bauchlage anwenden.

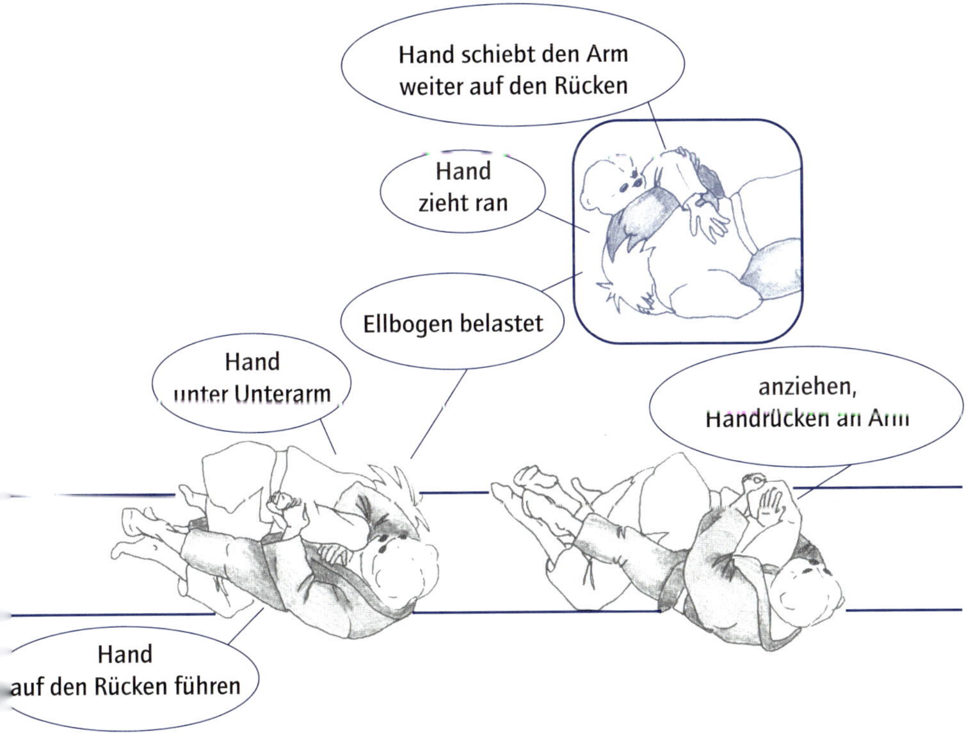

Bodentechniken

Umdreher aus der eigenen Rückenlage kennst du schon. Bei diesem Umdreher übernehmen die Beine die Hauptarbeit:

ZUM MITLESEN:

Du befindest dich in der eigenen Rückenlage, den Partner zwischen den Beinen. Während er sich vorbeugt, fasst du ihn am Revers und am Arm. Du drückst ihn weg, um dich auf die Seite zu drehen: Dazu stemmst du die Füße ein und schiebst den Po seitlich heraus. Nun kannst du deinen Fuß zwischen seinen Beinen einhaken und wieder heranrutschen, deine Knie bleiben dabei außen. Du kontrollierst den Partner, indem du von außen um seinen Arm auf seinen Rücken fasst und so seinen Arm zwischen euren Körpern einklemmst. Jetzt kann er sich nicht mehr abstützen. Dein eingehakter Fuß hebt ihn nun hoch und fängt an, ihn zu drehen, während das zweite Bein von außen gegendrückt („scheren"). Du unterstützt das Scheren durch deine Arme: Die Revershand drück, und die Rückenhand zieht. So drehst du dich auf den Partner und baust ein Stützviereck auf.

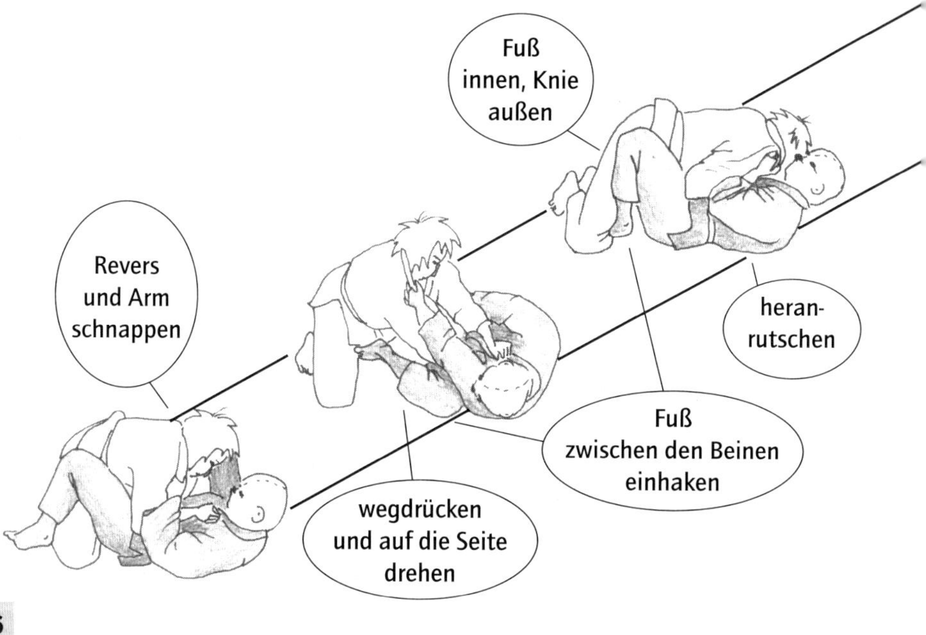

SCHEREN
zum TATE SHIHO GATAME

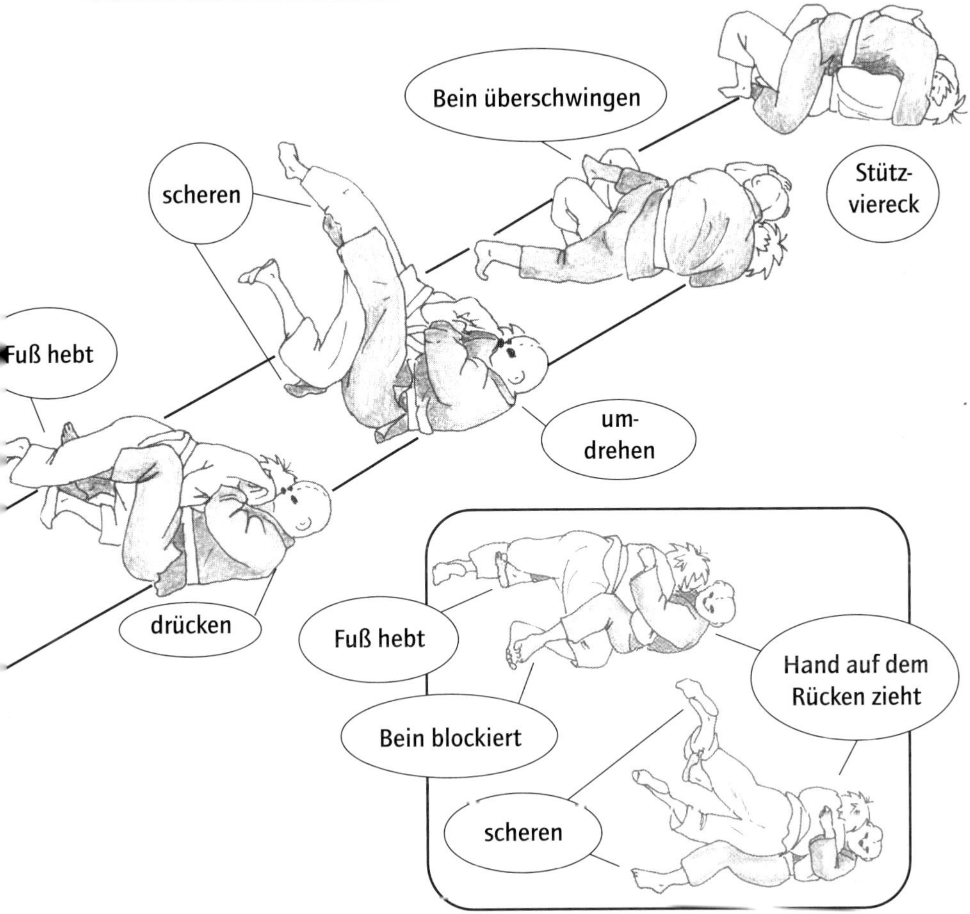

Fuß eingehakt, nun geht's ans Scheren:
Blockiert, gedreht, er kann's nicht wehren!

Bodentechniken

Eine aus dem SUMI GAESHI geborene Möglichkeit ist es, den Partner, der sich zwischen deinen Beinen befindet, aus der eigenen Rückenlage einfach überzurollen:

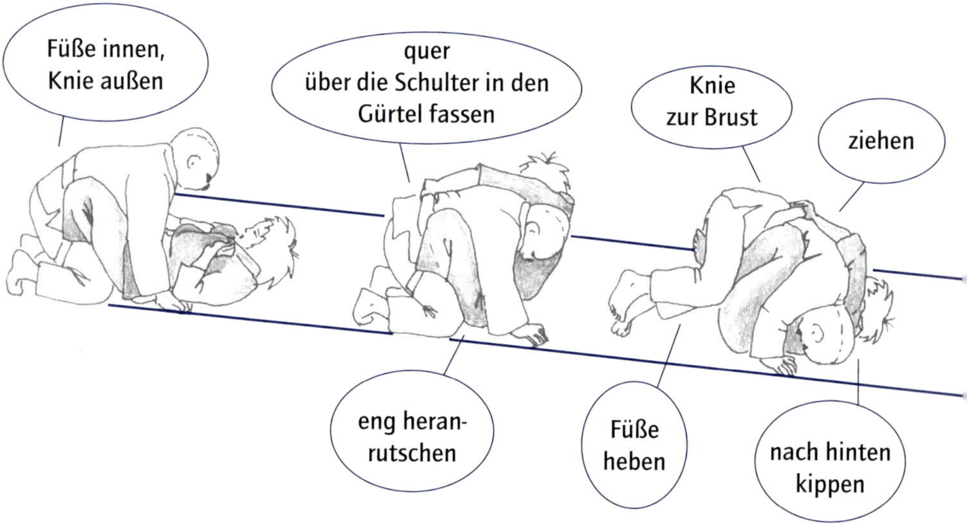

ZUM MITLESEN:

Du befindest dich in der eigenen Rückenlage, den Partner zwischen den Beinen. Du hakst die Füße in seinen Kniekehlen ein, wobei deine Knie außen bleiben, und rutschst mit dem Po eng an ihn heran. Du fasst quer über seine Schulter in seinen Gürtel und lässt dich nach hinten kippen. Die Knie ziehst du dabei zur Brust, die Füße heben den Partner an. Das Ziehen deiner Hand im Gürtel hilft mit. Dein Ellbogen ist eng an seinem Rücken. Nun kippst du ihn mit den Füßen über, bleibst dabei eng am Partner und rollst mit. Deine Füße nimmst du nach eurer Landung nach außen und baust ein Stützviereck auf. Deine Hand bleibt in seinen Gürtel gefasst.

Rolle zum TATE SHIHO GATAME (aus der eigenen Rückenlage)

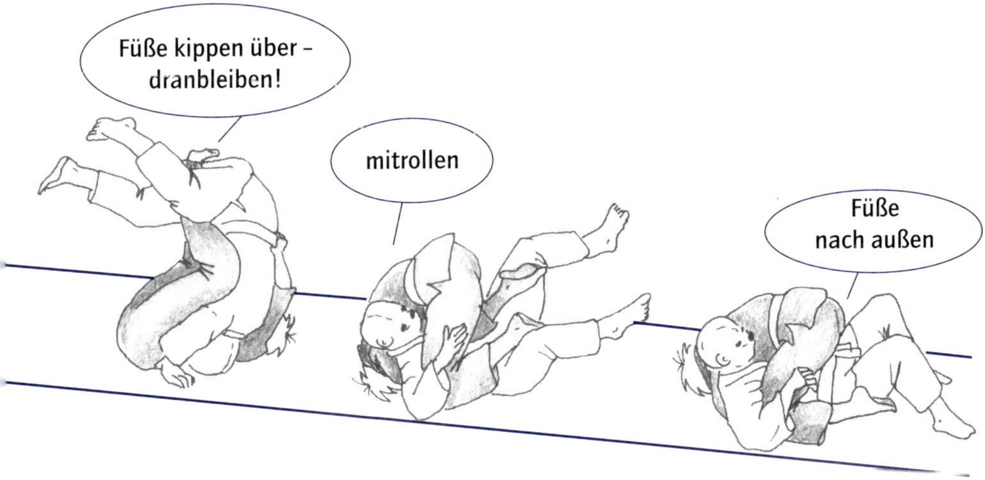

Hak deine Füße innen ein,
eng herangerutscht muss sein,
quer im Gürtel eingefasst
rolle über dich die Last!

Bodentechniken

Aufgabe 1
Die eigene Rückenlage ist eine günstige Angriffsposition. Nenne mindestens sechs Angriffe!

____

____

____

____

____

____

Aufgabe 2
Hier sind Bilder zu sehen, die entscheidende Phasen von drei verschiedenen Angriffen aus der eigenen Rückenlage gegen einen Partner zwischen den Beinen zeigen. Um welche Techniken handelt es sich?

__________ __________ __________

ÜBUNGEN
(Angriffe aus der eigenen Rückenlage)

Aufgabe 3

Silbenrätsel: Hier sind die Silben der japanischen Begriffe leider völlig durcheinander geraten. Ordne sie bitte! (TIPP: Es müssen elf Begriffe sein!) Wie heißen die gefundenen Begriffe auf Deutsch?

DE - GA - GA - GI - HI - HO - JI - JU - KE - KO - KA - KA - ME - MI - MI - RA - SA - SHI - SHI - TE - TA - TA - TA - U - YO -

1. __________ = __________
2. __________ = __________
3. __________ = __________
4. __________ = __________
5. __________ = __________
6. __________ = __________
7. __________ = __________
8. __________ = __________
9. __________ = __________
10. __________ = __________
11. __________ = __________

Bodentechniken

Mike war erst zwölf Jahre alt und hatte in seinem kurzen Judoleben doch schon einige Erfolge gehabt. Etliche Meisterschaften hatte er gewonnen und darauf war er sehr stolz.

Jetzt aber war alles ganz anders. Plötzlich schienen ihm die Trainingsstunden nichts Neues mehr zu bieten und das Leben jenseits der Judomatten interessierte ihn viel mehr als alles Üben. Wozu UCHI KOMI zum hundertsten Male wiederholen, er meinte, sie doch schon aus dem Effeff zu können? Noch dazu, wenn draußen die Sonne so schön schien und zu einem Schwimmbadbesuch oder einer Fahrt auf Rollerskates einlud. Einmal ein Training zu verpassen, ist sicher nicht so schlimm, dachte er, ich bin ohnehin weiter als die anderen. Und so kam es, dass er anfing, bald hier, bald da eine Trainingsstunde ausfallen zu lassen, um sich mit Freunden anderweitig zu vergnügen.

Sein Trainer aber hatte ihn beobachtet und eines Tages nahm er ihn beiseite: „Mike, heute will ich dir eine kurze Geschichte erzählen. Keine Angst, es dauert nicht lange. Du hast doch schon von der Chinesischen Mauer gehört? Sie wurde in alten Zeiten unter großen Mühen errichtet, um den Feind aus dem Land zu halten. Sie erfüllte lange Zeit gut ihren Zweck, aber eines Tages mussten doch Reparaturen an ihr durchgeführt werden. Ein junger Arbeiter aber sah nicht ein, warum er so hart an der Mauer arbeiten sollte, war doch schon seit vielen Jahren kein Feind mehr ins Land eingefallen. So ließ er an der Stelle, wo er das Mauerwerk flicken sollte, einfach dann und wann ein paar Ziegel ausfallen. Die Zeit verging, Wind und Wetter nagten an der schlecht ausgebesserten Stelle und eines Tages stürzte das Mauerstück darüber ein. Etliche Wächter wurden mit in die Tiefe gerissen und an der nun offenen Stelle fiel der Feind erneut mit seinen Heeren ins Land." „Und?", fragte Mike, als sein Trainer nun eine Pause machte. „Das Mauerwerk ist dein Training, Mike, und die fehlenden Ziegel sind deine versäumten Trainingsstunden mit all ihrem Wissen, die den ganzen Bau zum Einstürzen bringen."

Geht es dir manchmal auch wie Mike, dass dich andere Aktivitäten mehr als dein Training locken, bei dem du meinst, dass es für dich nicht viel Neues mehr gibt? Aber führe einmal ein Tagebuch und schreibe kurz auf, was ihr jedes Mal an neuen Techniken, Bewegungen oder Kombinationen geübt habt und du wirst entdecken, dass jede Trainingsstunde einen Ziegelstein für den ganzen Bau darstellt!

Trainingsdatum: ______________, den _____ _____ _______

Wiederholung:

____

____

____

____

____

Neue Bewegung:

____

____

____

____

____

Bodentechniken

Vorgaben des Bodenprogramms der Prüfungsordnung des Deutschen Judo-Bundes und ein nach diesen Vorgaben erstellter Technikkanon.

Das Mindestalter für den dritten Kyu beträgt elf Jahre.

Prüfungsvorgaben

Übergang Stand-Boden

Zwei Würfe mit unterschiedlichen Haltetechniken weiterführen.

Oberlage

Zwei Verkettungen vom Halten zum Hebel.

Unterlage

a) Aus TORIs Rückenlage
- UDE GATAME
- ASHI GATAME.

b) Aus TORIs Bankposition
- WAKI GATAME
- Ein weiterer Angriff.

1.2 PRÜFUNGSVORGABEN ZUM GRÜNGURT

Technikkanon

Übergang Stand-Boden:

Zwei Würfe mit unterschiedlichen Haltetechniken weiterführen:

- KO UCHI MAKE KOMI zum YOKO SHIHO GATAME.
- SUMI GAESHI zum TATE SHIO GATAME.

Oberlage:

Zwei Verkettungen vom Halten zum Hebel.

Wiederholung: Eckersley Haltegriff (UKI GATAME) zum JUJI GATAME (siehe auch orange/orangegrün).

- ASHI GATAME und ASHI GARAMI aus KESA GATAME.
- JUJI GATAME aus TATE SHIHO GATAME.
- UDE GARAMI und WAKI GATAME aus YOKO SHIHO GATAME.

Unterlage:

a) Aus TORIs Rückenlage UDE GATAME/ASHI GATAME.

- UDE GATAME aus der eigenen Rückenlage.
- HIZA GATAME aus der eigenen Rückenlage.
- HIZA GATAME zum Eckersley (UKI GATAME).

b) Aus TORIs Bankposition WAKI GATAME/ein weiterer Angriff.

- WAKI GATAME/WAKI GARAMI aus der eigenen Bankposition.
- Walze.
- Abkippen zum Haltegriff aus der eigenen Bankposition.

Siehe auch Überblick über die UDE KANSETSU WAZA:

Demonstration der Hebelprinzipien der Hebelgruppen:
JUJI GATAME, UDE GATAME, KANUKI GATAME, HARA GATAME, WAKI GATAME, ASHI GATAME, UDE GARAMI.

Bodentechniken

Hier schließt sich der Stand-Boden-Übergang so eng an den Wurf an, dass du ihn immer gleich mit üben solltest, denn sonst landest du dabei in der ungünstigen Situation zwischen den Beinen des Partners!

Eingetaucht und kontrolliert,
herausgeschwungen und fixiert!

KO UCHI MAKE KOMI zum YOKO SHIHO GATAME

ZUM MITLESEN:

Zum KO UCHI MAKE KOMI tauchst du in den Partner ein und schiebst dein Bein weit durch, dabei behältst du mit den Armen enge Kontrolle bis zum Boden. Um zwischen seinen Beinen heraus zu kommen, schwingst du jetzt ein Bein über, noch ehe dein Partner selbst wieder agieren kann. Dein zweites Bein ziehst du, mit dem Fuß voran, nach, während dein Oberkörper ihn belastet. Nun fasst du mit der Hand unter seinen Kopf, blockst mit dem Knie seine Hüfte und baust dein Stützviereck auf.

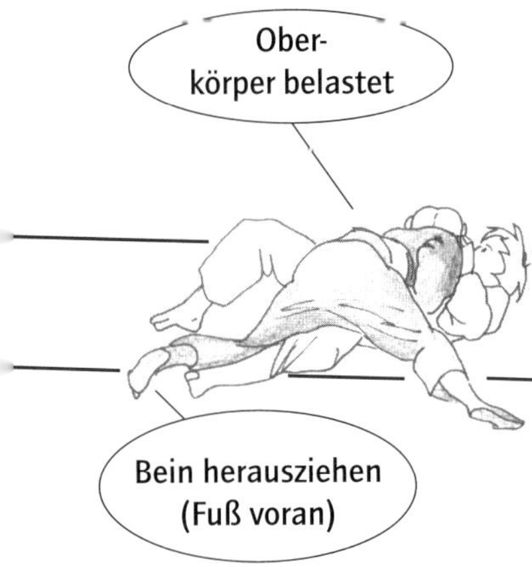

Dieser Stand-Boden-Übergang ist sehr einfach, da du nur die Wurfbewegung fortführen und den Schwung deines Wurfs nutzen musst!

ZUM MITLESEN:

Du setzt einen SUMI GAESHI an. Deine Hand zieht und belastet den Partner auf dem Rücken, dein Fuß schiebt ihn am Innenschenkel zu einer gemeinsamen Rolle. Du selbst nutzt den engen Kontakt mit dem Partner zu einer gleichzeitigen Rückwärtsrolle, sodass ihr gemeinsam rollt. Du musst beim zweiten Teil der Rolle darauf achten, dass deine Beine jeweils neben dem Partner landen können, sonst klammert er dich. Du schließt einen TATE SHIHO GATAME an.

SUMI GAESHI zum TATE SHIHO GATAME

Rund wie ein rollender Ball
bringst du den Partner zu Fall,
kippst du mit Schwung deine Last,
bis du den Haltegriff hast!

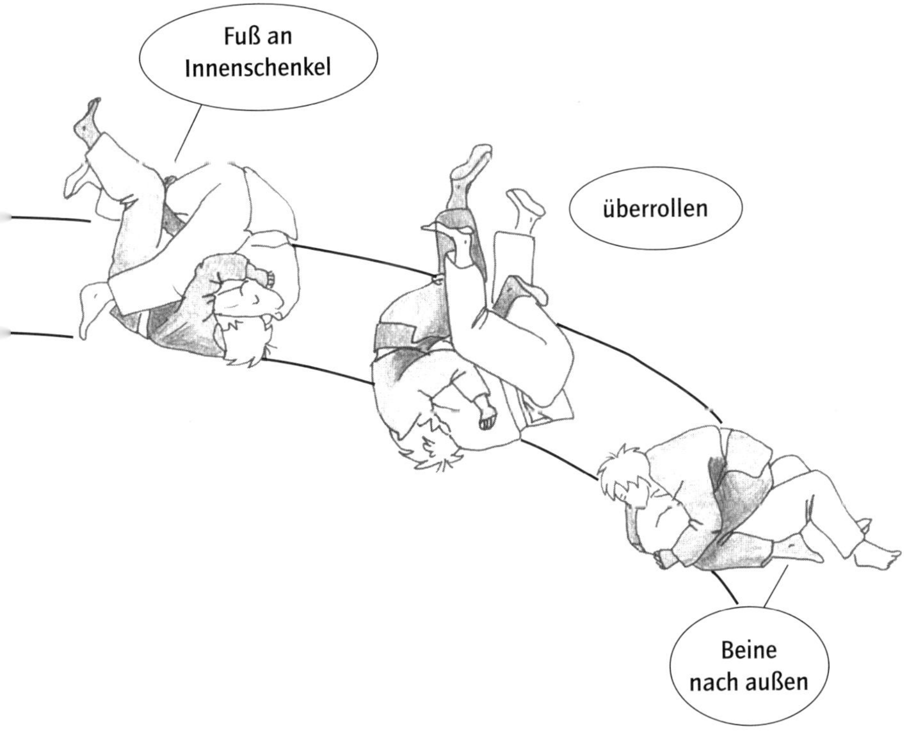

Aufgabe 1

Betrachte das Bild vom SUMI GAESHI. Welchen Haltegriff könntest du hier anschließen, wenn dir der Übergang zum TATE SHIHO GATAME nicht gelingt?

Aufgabe 2

Warum ist es bei Stand-Boden-Übergängen, wie hier bei KO UCHI MAKE KOMI, wichtig, unmittelbar und schnell nachzugehen?

ÜBUNGEN
(Stand-Boden-Übergänge)

Aufgabe 3

Beim SUMI GAESHI gelingt es dir nicht, wie hier im Bild, die Beine nach außen zu bekommen. Nun bist du in einer ungünstigen Lage zwischen den Beinen des Partners. Welche Technik könntest du in dieser Situation anschließen?

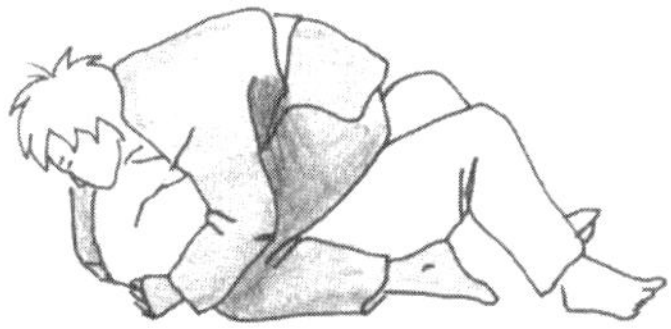

Welche Techniken könnte dein Partner in dieser Situation anwenden?

Probiert es einmal gemeinsam aus und schreibt eure Lösungen auf!

Bodentechniken

Hier demonstrieren wir dir zwei simple Wechsel vom Haltegriff zum Hebel. Im Wettkampf läufst du bei diesen Techniken jedoch Gefahr, einen sicheren Haltegriff ohne Notwendigkeit für eine Hebeltechnik aufzugeben, deren Erfolg ungewiss ist, denn der Partner wird deine Aktionen nutzen, um sich zu befreien.

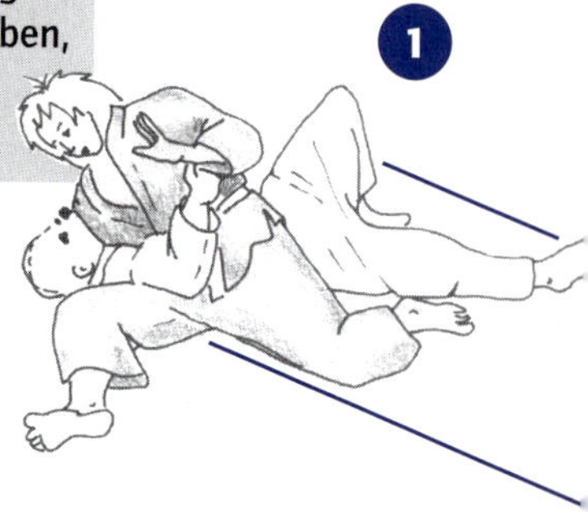

KESA ASHI GARAMI

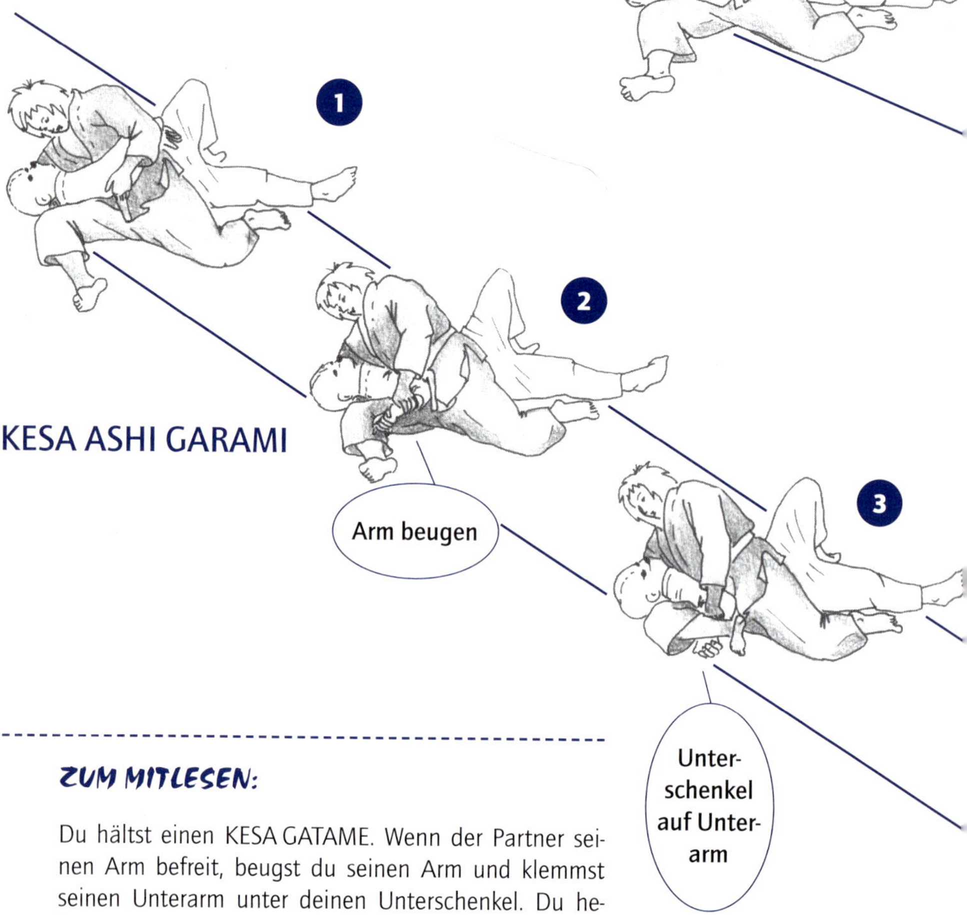

ZUM MITLESEN:

Du hältst einen KESA GATAME. Wenn der Partner seinen Arm befreit, beugst du seinen Arm und klemmst seinen Unterarm unter deinen Unterschenkel. Du hebelst durch Belasten seiner Schulter und indem du deinen Unterschenkel sinken lässt.

ASHI GATAME und ASHI GARAMI aus KESA GATAME

KESA ASHI GATAME

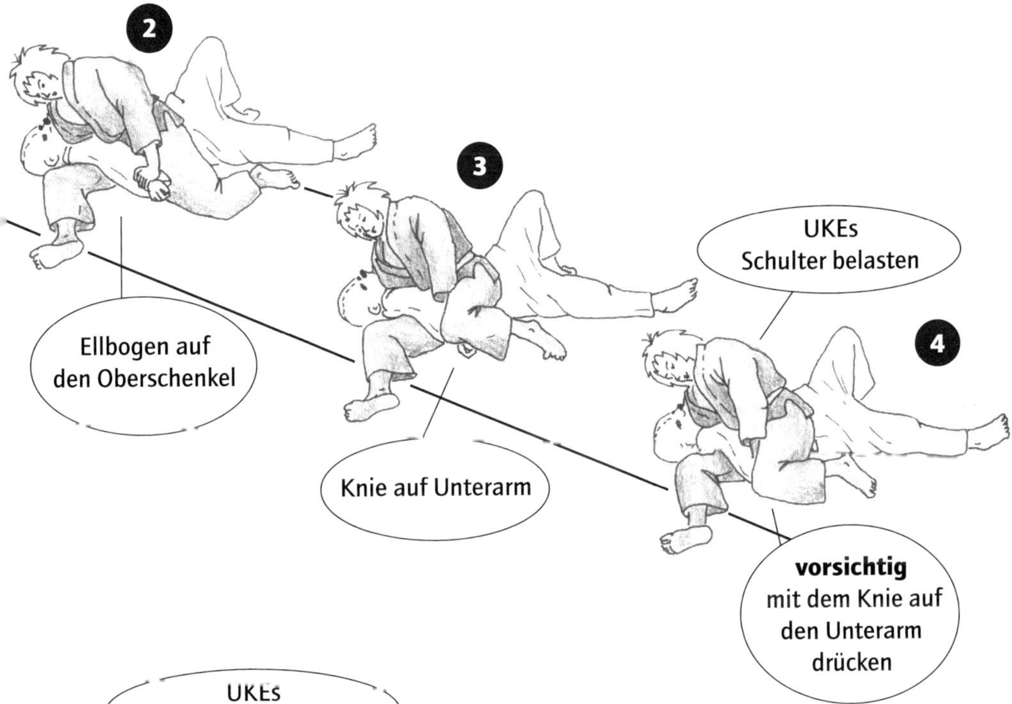

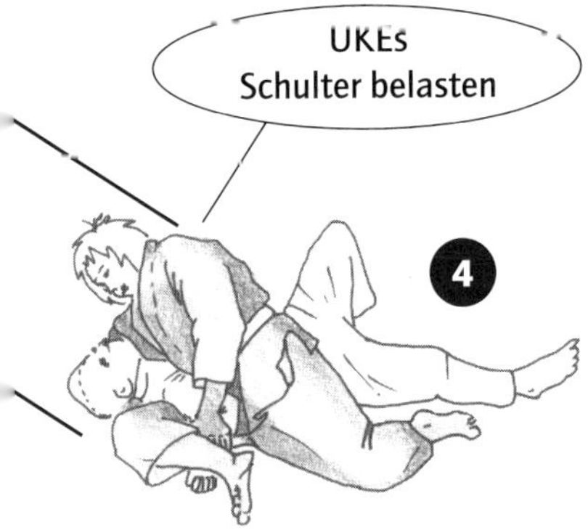

ZUM MITLESEN:

Du hältst einen KESA GATAME. Wenn der Partner seinen Arm befreit hat, legst du seinen Arm mit dem Ellbogen auf deinen Oberschenkel und belastest seine Schulter mit deinem Körper. Du hebelst ihn, indem du (VORSICHT!) mit dem Knie auf seinen Unterarm drückst.

Bodentechniken

Den JUJI GATAME hast du schon aus anderen Ausgangspositionen heraus kennen gelernt. Hier bietet er sich als Anschlusstechnik an, wenn dein Partner sich durch Aufbrücken aus dem TATE SHIHO GATAME befreit.

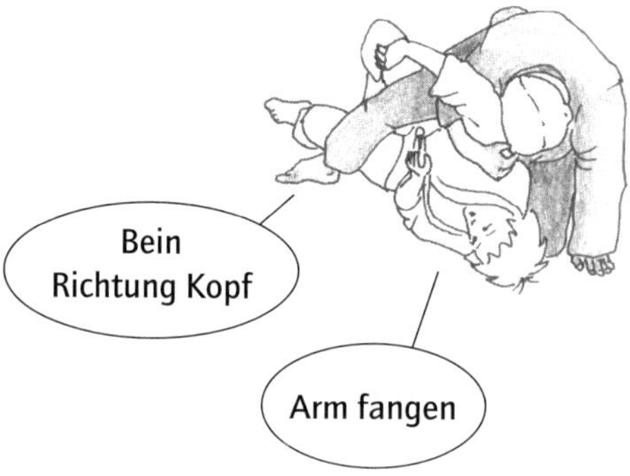

Dein Reitvierer wackelt schon sehr, schnell nimmst den Arm du dir her,
klemmst eng am Körper ihn ein, flink über den Kopf schwing dein Bein.
Nun lehn dich gemütlich zurück, versuche im Hebel dein Glück!

JUJI GATAME aus TATE SHIHO GATAME

ZUM MITLESEN:

Dein Partner hat sich durch Aufbrücken fast aus dem TATE SHIHO GATAME befreit. Du schiebst den Oberkörper vor und fängst seinen Arm mit dem eigenen Arm. Du richtest dich auf und klemmst seinen Arm am Körper eng ein, während dein Bein sich in Richtung seines Kopfes bewegt.

Dein zweites Bein schwingt über seinen Kopf. Du setzt dich auf den Po und bringst den Oberkörper nach hinten (Arm kontrollieren!). Nun kannst du den Arm überstrecken.

Bodentechniken

Aus dem YOKO SHIHO GATAME kannst du bereits den UDE GATAME ansetzen. Nun zwei weitere Hebel aus diesem Haltegriff.

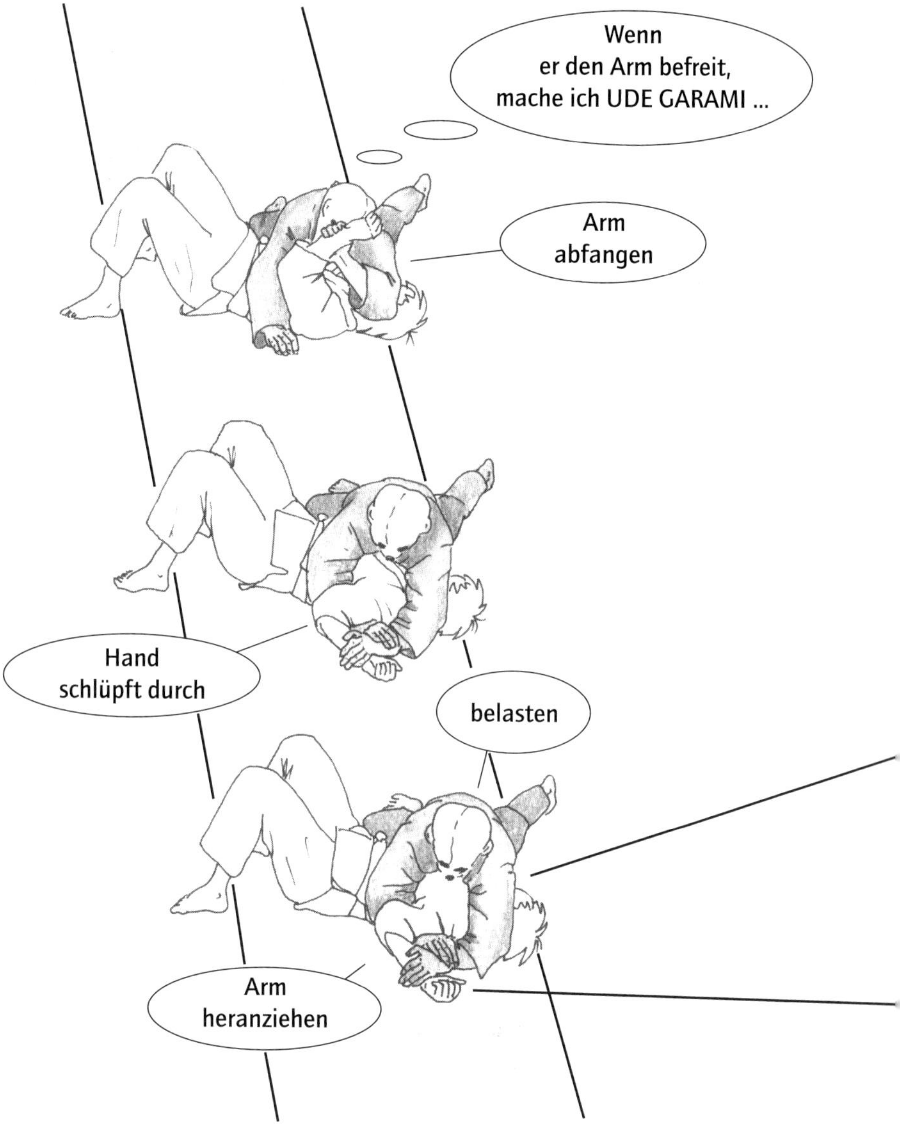

UDE GARAMI
aus YOKO SHIHO GATAME

ZUM MITLESEN:

Du hältst einen YOKO SHIHO GATAME. Der Partner hat seinen Arm befreit und will dich hochdrücken. Noch ehe er anfassen kann, fängst du seinen Arm ab. Mit der Hand vom Kopf des Partners her drückst du seinen Arm auf die Matte und ziehst ihn zu dir heran, sodass dein Ellbogen dicht neben seinem Kopf liegt. Deine andere Hand schlüpft unter seinem Oberarm durch auf dein eigenes Handgelenk.

Gehebelt wird durch das Heranziehen beider Arme und Anheben deiner beiden Handgelenke. Dabei belastest du seine Schulter und drückst seinen Arm auf die Matte, um ihn zu fixieren.

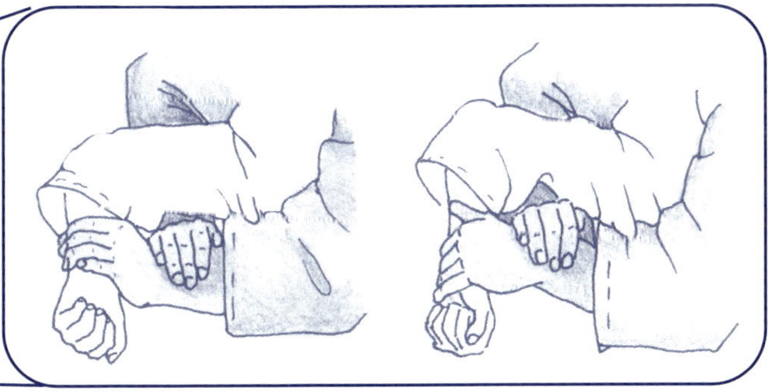

beide Handgelenke heben und
Hände herunterdrücken

Bodentechniken

Aus dem YOKO SHIHO GATAME kannst du inzwischen den UDE GATAME und UDE GARAMI ansetzen. Nun folgt der WAKI GATAME.

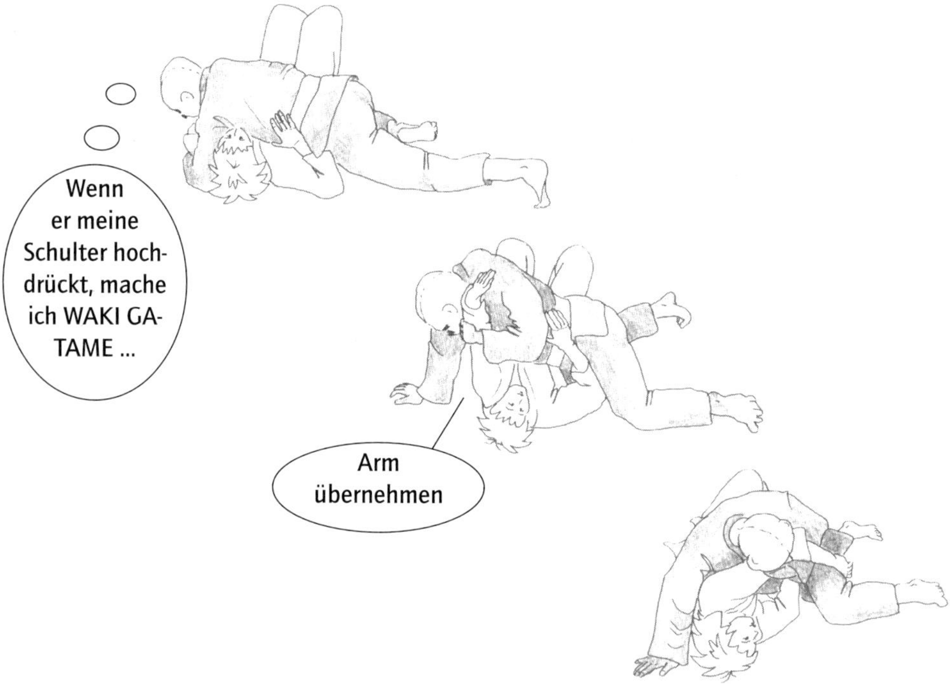

WAKI GATAME aus YOKO SHIHO GATAME

ZUM MITLESEN:

Du hältst einen YOKO SHIHO GATAME. Der Partner versucht, dich an der Schulter, die seinem Kopf näher ist, hochzudrücken. So ist es für dich schwierig, einen UDE GATAME anzusetzen. Daher übernimmst du seine Bewegung und führst seinen Arm zwischen euren Köpfen durch auf die Seite. Stütze dich dabei auf und vollführe einen Hüftwechsel, belaste dabei den Partner mit dem Oberkörper.

Nun nimmst du deine freie Hand über seine Schulter vor seinen Kopf, während du mit der anderen Hand den Arm kontrollierst. Nun belastest du mit der Körperseite seinen Arm und seine Schulter. Um zu hebeln, überstreckst du den Arm in Richtung seines kleinen Fingers und lässt deinen Oberkörper nach unten sinken, indem du ihn leicht drehst.

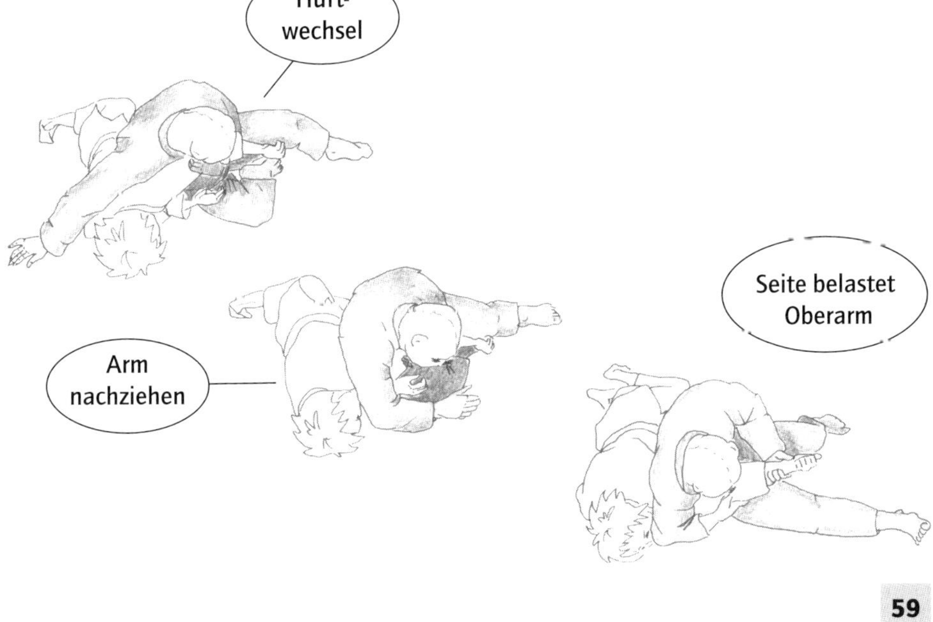

Bodentechniken

Auf den letzten Seiten haben wir uns mit Hebeln beschäftigt, die du aus Haltegriffen entwickeln kannst. Nun zeigen wir dir noch zwei weitere Hebel, die du aus der für dich günstigen Position der eigenen Rückenlage heraus ansetzen kannst:

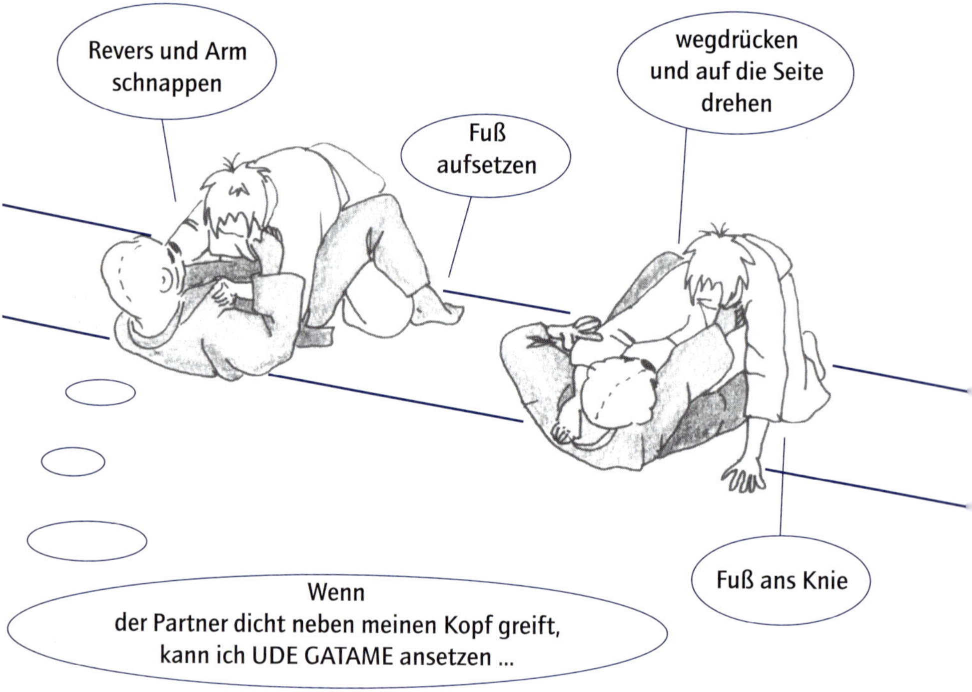

ZUM MITLESEN:

Du befindest dich in der Rückenlage und dein Partner kommt mit der Hand nach vorn, um hinter deinen Kopf zu greifen. Nun fasst du sein Revers und seinen Arm und setzt deine Füße fest auf. Du drückst dich vom Partner weg, drehst dich auf die Seite und setzt deinen Fuß an sein Knie. Nun drückst du sein Knie zur Seite weg und klemmst seinen Arm zwischen Kopf und Schulter ein. Dein freies Knie belastet seine Schulter und du hebelst durch Drehen und Drücken auf seinen Ellbogen.

UDE GATAME
aus der eigenen Rückenlage

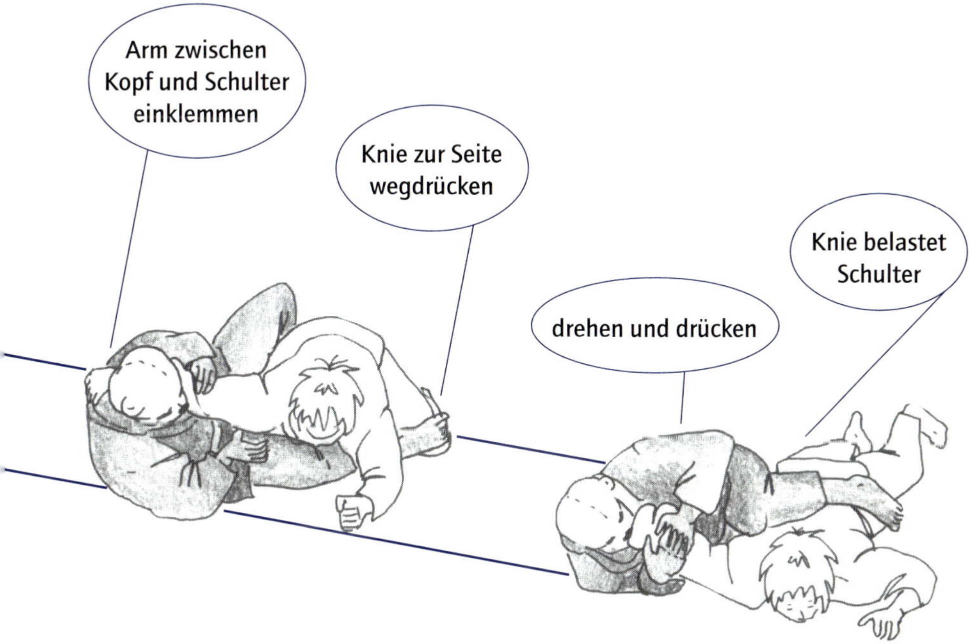

Bodentechniken

Ein weiterer Hebel aus der eigenen Rückenlage, dem UDE GATAME vom Ansatz her recht ähnlich!

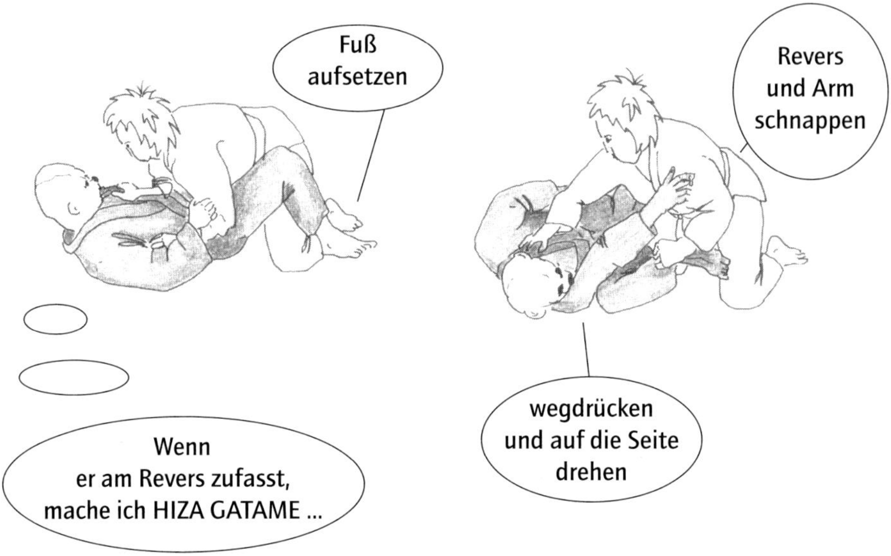

ZUM MITLESEN:

Du befindest dich in der Rückenlage und dein Partner kommt mit der Hand nach vorn, um dein Revers zu greifen. Er fasst aber nicht hinter den Kopf, sodass du keinen UDE GATAME ansetzen kannst. Du fasst seinen Arm und sein Revers und setzt deine Füße fest auf. Du drückst dich vom Partner weg auf die Seite und setzt deinen Fuß an sein Knie. Nun drückst du sein Knie zur Seite weg. Deine Revershand greift gleichzeitig sein Handgelenk, um seinen Arm zu strecken und zu kontrollieren. Nun drehst du noch dein Knie auf seinen Oberarm und belastest seine Schulter.

HIZA GATAME
aus der eigenen Rückenlage

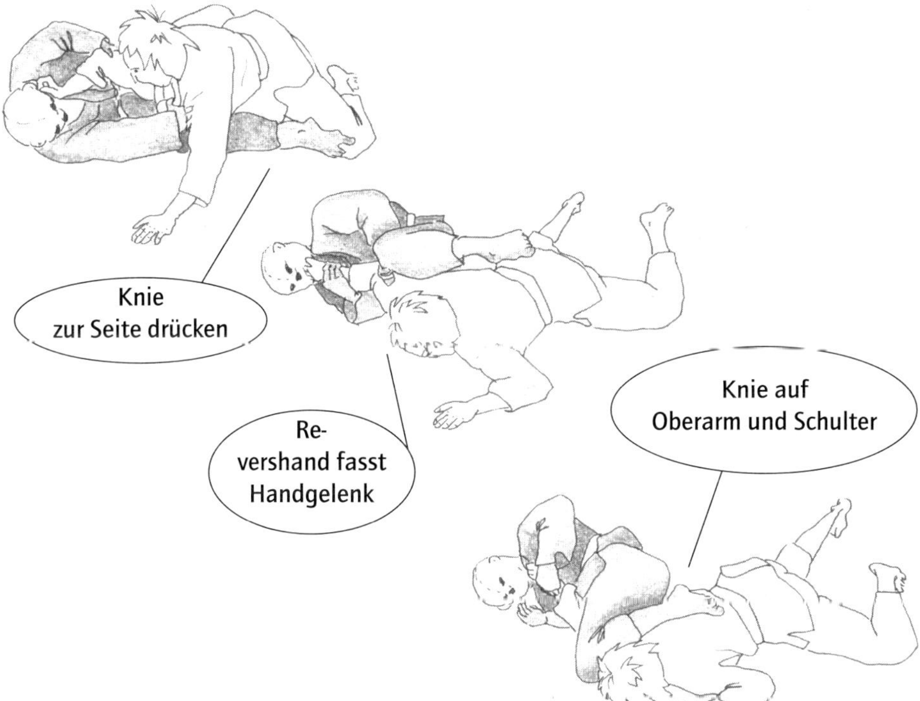

Bodentechniken

Aufgabe 1

Weshalb ist der Haltegriff KESA GATAME sicherer als eine Verkettung zu den beiden Hebeln KESA ASHI GATAME/KESA ASHI GARAMI?

____

____

Aufgabe 2

Du hast einen JUJI GATAME aus TATE SHIHO GATAME kennen gelernt. Welche anderen Techniken sind möglich, wenn der Partner sich aus dem TATE SHIHO GATAME zu befreien versucht?

____

____

Aufgabe 3

Ordne zu:

Wenn der Partner im YOKO SHIHO GATAME ...	**reagiere ich mit ...**
... seinen Arm befreit ...	UDE GATAME
... meine Schulter hochdrückt ...	UDE GARAMI
... meinen Körper wegdrückt ...	WAKI GATAME

Aufgabe 4

Zeichne UKEs und TORIs Arm beim UDE GARAMI als Strichzeichnung in das leere Feld! Kennzeichne, welcher Arm UKE und welcher Arm TORI gehört! Erinnere dich:
Welcher Arm liegt wo über welchem Arm?

ÜBUNGEN
(Verkettungen vom Haltegriff zum Hebel)

Aufgabe 5
UDE GARAMI hat bei einigen Leuten den Spitznamen „Motorradhebel", warum?

____

____

Aufgabe 6
Hier sind fünf verschiedene Hebeltechniken gezeigt, wie heißen sie?

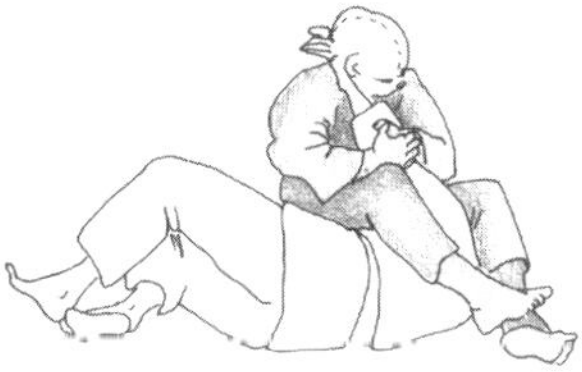

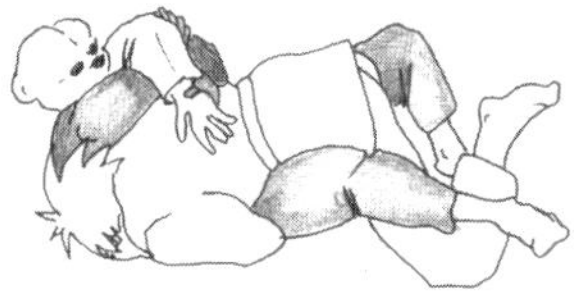

______________ ______________ ______________

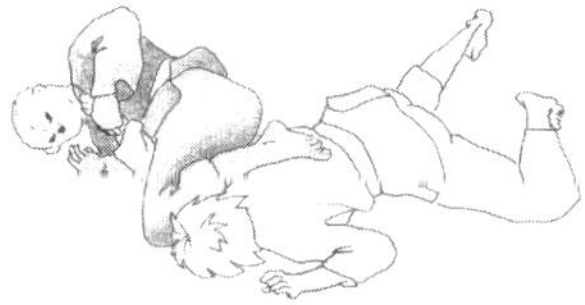

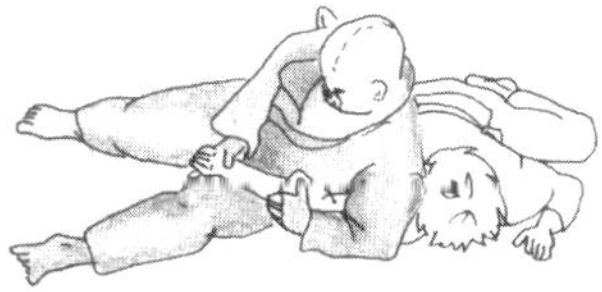

______________ ______________

Aufgabe 7
Überlege: Welche Hebel kannst du aus der eigenen Rückenlage ansetzen?

____

Aufgabe 8

Für einen Armhebel sind immer drei Punkte wichtig: Zwei Belastungspunkte (Handgelenk und Schultergelenk) und ein Hebelpunkt (Ellbogengelenk).
Erstelle eine Tabelle: Was machst du mit UKEs Handgelenk, Schulter und Ellbogen bei dem jeweiligen Hebel?

Hebel	Hand	Schulter	Ellbogen
KESA ASHI GATAME			
UDE GATAME			
JUJI GATAME			
UDE GARAMI			
HIZA GATAME			
WAKI GATAME			

ÜBUNGEN
(Verkettungen vom Haltegriff zum Hebel)

Aufgabe 9
Erweitere deine Tabelle:
Welche Hebelbewegung machst du bei dem jeweiligen Hebel?

Hebel	Hebelbewegung
KESA ASHI GATAME	
UDE GATAME	
JUJI GATAME	
UDE GARAMI	
HIZA GATAME	
WAKI GATAME	

Bodentechniken

Du hast dich bisher mit Verkettungen vom Haltegriff zum Hebel befasst. Hier stellen wir dir eine Verkettung von Hebel zu Hebel vor:

Dein HIZA GATAME will nicht glücken,
nun musst du den Kopf wie zum Fussballspiel drücken.
Und rollst ihn über dich herum
zum JUJI GATAME – gar nicht dumm!

HIZA GATAME zum ECKERSLEY

ZUM MITLESEN:

Du hast einen HIZA GATAME angesetzt, der keine Wirkung zeigt. Nun rutschst du mit deinem Knie weiter zur Matte, setzt deinen Spann in den Nacken des Partners, schiebst das Knie dieses Beins unter dein anderes Knie und drehst dich weiter auf die Seite.

Mit deiner freien Hand (die andere Hand hält den Arm) greifst du zum Bein des Partners. Eines deiner Beine drückt gegen seinen Kopf („Fußball spielen"), das andere drückt gegen seinen Bauch.

Deine Hand an seinem Bein hilft mit, ihn umzudrehen, indem du ihn zu deinem Kopf ziehst und dann weiter über deine Beine abkippst. Jetzt nimmst du dein Bein über seinen Kopf und setzt einen JUJI GATAME an.

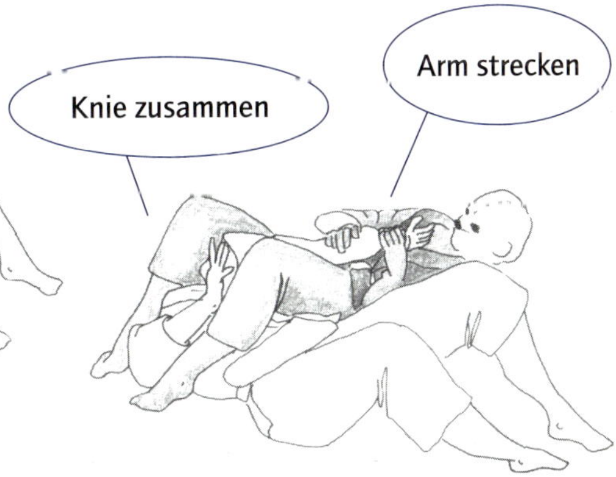

Auch die Bankposition bietet Möglichkeiten, zu einem Hebel zu gelangen, wenn der Partner sich vornüber legt und versucht, unter deinen Arm zu greifen.

ZUM MITLESEN:

Du bist in der Bank und dein Partner versucht, unter deinen Arm zu greifen. Du klemmst seinen Arm oberhalb des Ellbogens zwischen deinem Arm und Körper ein und drehst dich durch einen Hüftwechsel seitlich unter ihm weg. Er kippt nach vorn, du kommst auf ihm zu liegen und dein Kopf belastet seinen Rücken. Deine Seite lässt du auf seinen Oberarm sinken.
Zum WAKI GATAME setzt du an, wenn der Arm des Partners jetzt lang ist. Mit der zweiten Hand fasst du sein Handgelenk und drehst den Arm so, dass sein kleiner Finger nach oben zeigt. Du hebelst, indem du mit der Seite seinen Ellbogen belastest. Bei einem gut angesetzten Hebel reicht das bloße Einatmen.

WAKI GATAME und WAKI GARAMI aus der eigenen Bankposition

WAKI GATAME

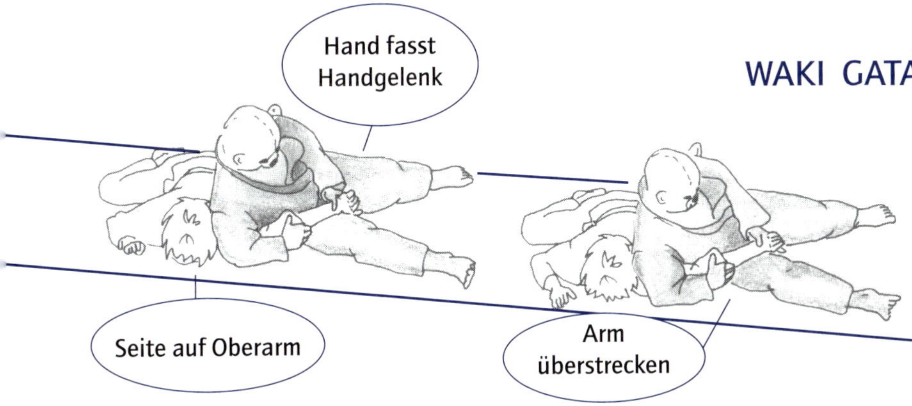

Zum WAKI GARAMI setzt du an, wenn der Arm des Partners jetzt eher gebeugt ist. Du greifst mit der zweiten Hand zum Handgelenk des Partners und ziehst so seinen Arm auf deinem Körper nach oben. Dabei belastet deine Seite den Oberarm des Partners zum Hebel.

WAKI GARAMI

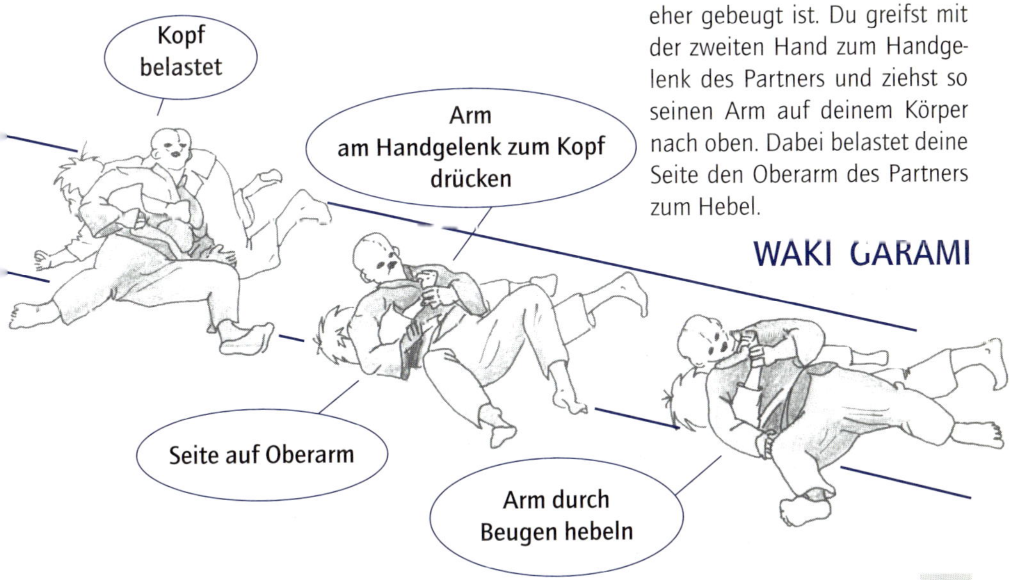

Bodentechniken

Die eigene Bankposition kannst du auch zu einer sehr einfachen, aber wirkungsvollen Technik nutzen.

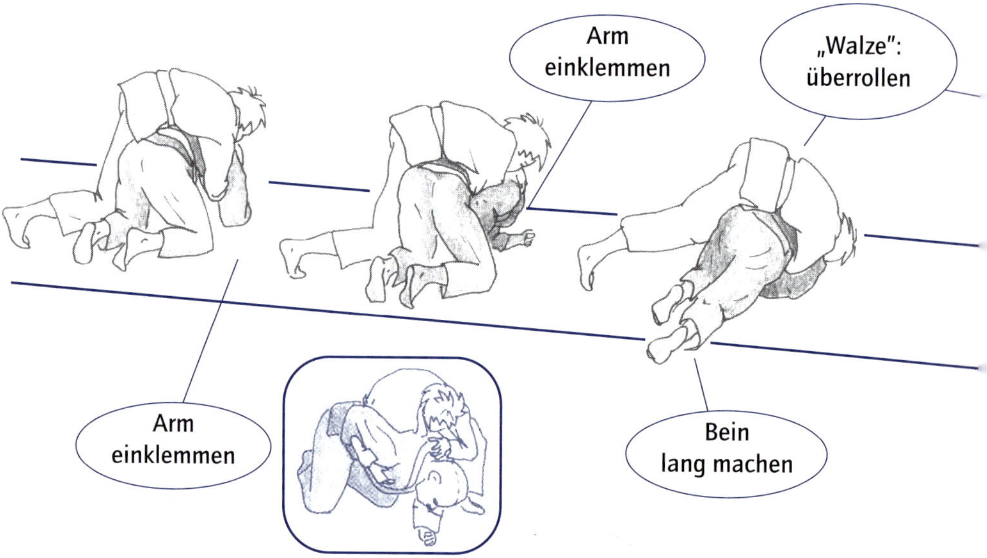

ZUM MITLESEN:

Du befindest dich in der Bank, dein Partner ist seitlich neben dir und versucht, quer über dich an deinen Arm zu fassen. Schnell klemmst du seinen Arm ein, machst dein Bein auf der gleichen Seite lang und rollst den Partner über dich. Deine freie Hand kann helfen, indem sie seine Beine überdrückt. Ist er auf den Rücken gekippt, fasst du mit der freien Hand über ihn, drehst dich zu ihm hin und mit der Seite eng in seine Achsel zum GYAKU KESA GATAME. Dein Knie blockiert seine Hüfte und du baust ein weites Stützdreieck auf.

WALZE
aus der eigenen Bankposition

GYAKU KESA GATAME

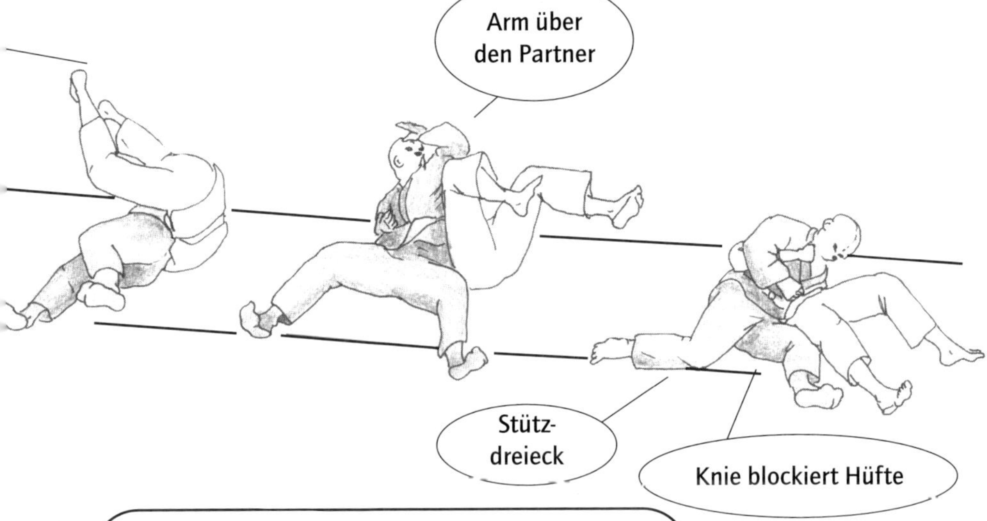

Unachtsam fasst er von der Seite:
Klemm den Arm ein, dein Bein gleite
nach hinten und nun walz ihn platt,
dein Haltegriff setzt ihn schachmatt!

Bodentechniken

Hier nutzt du die folgende Situation: Dein Partner fasst unter deinem Bein durch, um aus der Position zwischen deinen Beinen zu entkommen.

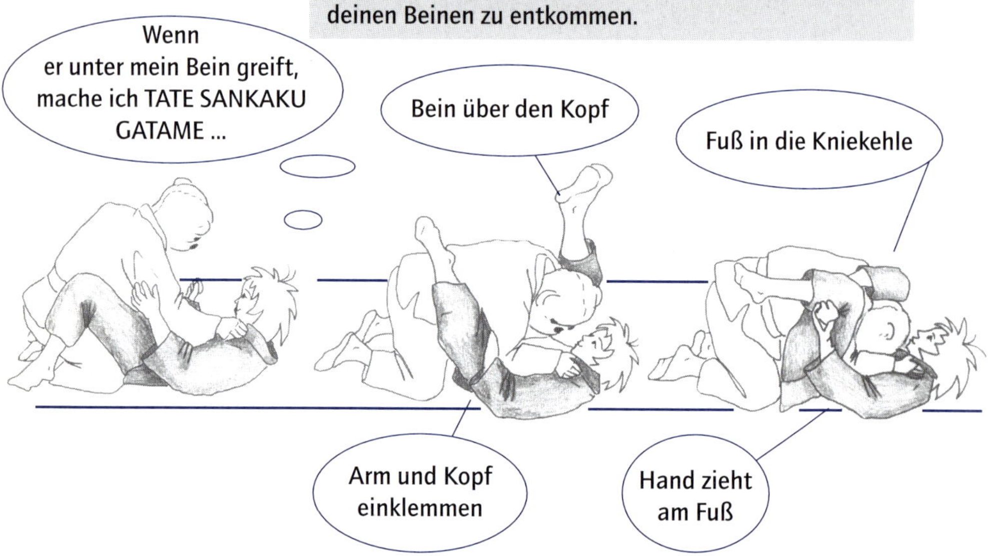

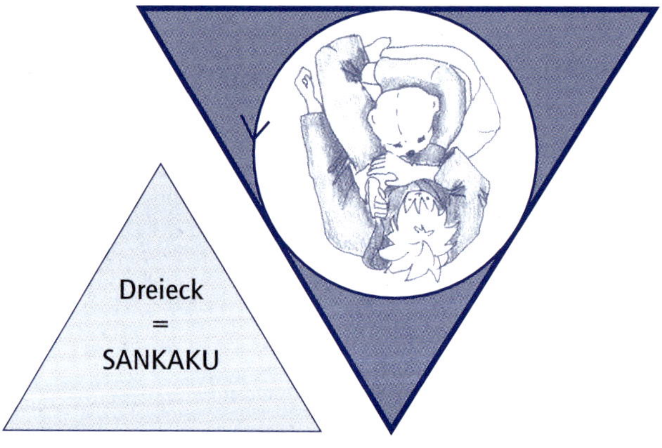

Hakbein unter Riegelbein,
SANKAKU-Dreieck packt ihn ein,
roll dich über auf ihn drauf
und bau ein Stützviereck dir auf!

TATE SANKAKU GATAME
aus der eigenen Rückenlage

ZUM MITLESEN:

Du befindest dich in der Rückenlage, den Partner zwischen deinen Beinen. Der Partner greift unter deinem Bein durch. Du schwingst deine Unterschenkel in seinen Nacken. Jetzt klemmst du Kopf und Arm des Partners ein, indem du dein anderes Bein mit der Kniekehle über deinen Fuß schlägst – dein Fuß bildet nun einen „Angelhaken": Spann anziehen! Anfangs mag es dir schwer fallen, das Dreieck zu schließen. Dann kannst du mit der Hand deinen Fuß heranziehen. Du rollst den Partner nun über den eingeklemmten Arm und setzt dich ihm auf die Brust, Beine dabei nicht öffnen! Zur Sicherung dieses Haltegriffs baust du ein Stützviereck auf. Wird der SANKAKU eng gehalten, kann er auch zum Würger werden. Dieser Würger nennt sich dann SANKAKU JIME.

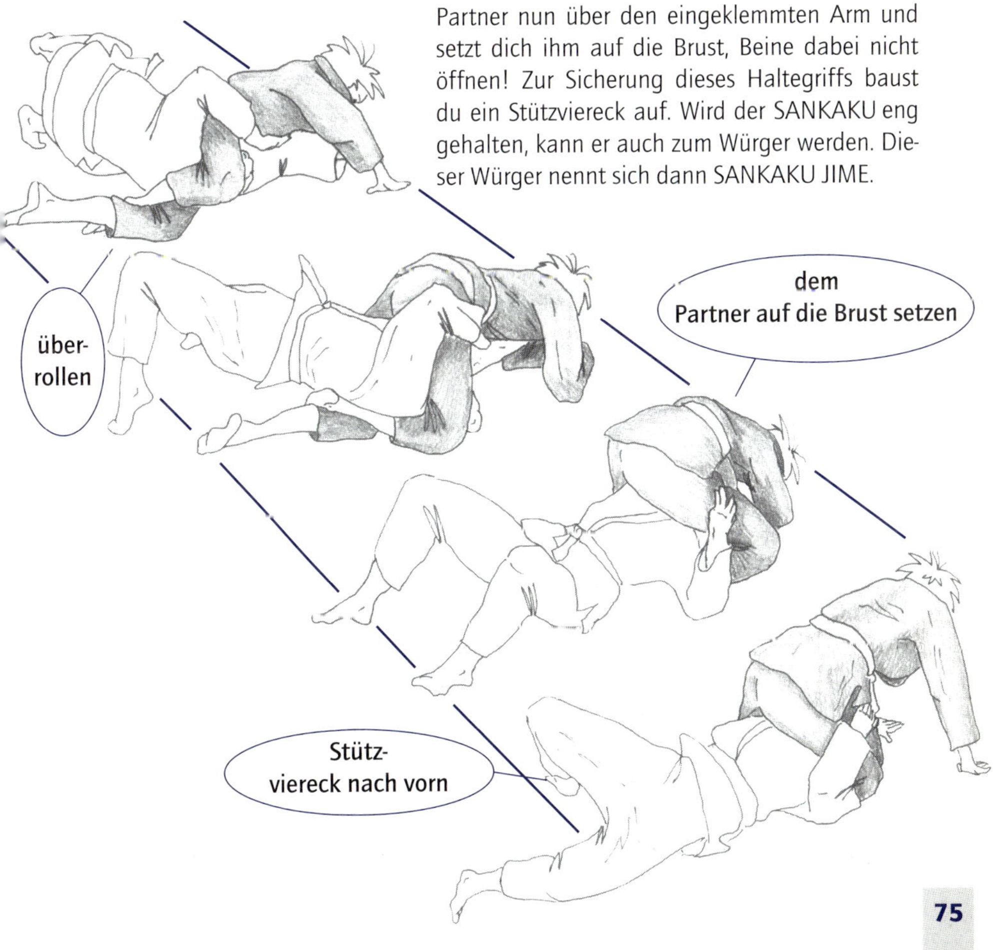

Bodentechniken

Aufgabe 1
Male hier das Dreieck (SANKAKU) ein, das die Beine in der nebenstehenden Zeichnung bilden!

Aufgabe 2
Du kennst die Grundhaltegriffgruppen: KESA GATAME und SHIHO GATAME mit den drei Unterteilungen TATE SHIHO GATAME, YOKO SHIHO GATAME und KAMI SHIHO GATAME.
Welcher Grundhaltegriffgruppe kannst du den TATE SANKAKU GATAME zuordnen?

____

____

Aufgabe 3
Welche Technik kannst du in diesem Moment nutzen? Warum?

____

____

____

____

____

ÜBUNGEN (WAKI GATAME, WALZE, TATE SANKAKU GATAME)

Aufgabe 4

Aus welchen Situationen heraus setzt du WAKI GATAME oder die Walze an?

____

____

____

____

____

____

Aufgabe 5

Aus der eigenen Bank oder Bauchposition kennst du drei Angriffe (Weißt du noch, welche?).

Aber: Welche Angriffe gegen die Bankposition kennst du schon?
Nenne je vier und ordne nach Hebeln und Haltegriffen!

Hebel:	**Haltegriffe:**
________________	________________
________________	________________
________________	________________
________________	________________
________________	________________

Ein erfolgreicher Judomeister wurde eines Tages von einem seiner Schüler gebeten, ihm doch das Geheimnis seines berühmten HANE GOSHI anzuvertrauen. Der Meister nannte eine recht hohe Summe als Preis für die gewünschte Auskunft und verabredete sich mit dem Schüler am gleichen Abend im Dojo.

Pünktlich zum verabredeten Zeitpunkt betrat der Schüler den Raum. Der Meister saß schweigend an einem Tisch, sonst war kein Mensch weiter zu sehen. Der Schüler bezahlte die verlangte Summe und der Meister schloss das Geld wortlos in eine Schublade ein.

Dann versperrte er die Tür und legte selbst den Telefonhörer zur Seite, sagte immer noch kein Wort und betrat endlich die Matte. Dem Schüler wurde es unheimlich zumute, doch er folgte dem Meister auf die Matte und wartete auf die Entdeckung des ersehnten Geheimnisses.

Wie in einer gewöhnlichen Übungsstunde erklärte der Meister ihm nun den Wurf und fragte im Anschluss, ob der Schüler das Geheimnis nun kenne. Zögernd meinte dieser, er hätte es wohl noch nicht ganz verstanden.

Da ging der Meister zu einer der großen Säulen, die das Dach des Dojo trugen, band einen langen Gürtel darum und gab beide Enden dem Schüler in die Hand.

Dann forderte er den Schüler auf, er möge so lange HANE GOSHI daran üben, bis die Säule berste und das Dach einstürze, denn das sei das Geheimnis seines HANE GOSHI. Dann schloss er die Tür wieder auf und verließ den verblüfften Schüler ...

Weißt du, was der Meister seinem Schüler sagen wollte? Übe, übe und übe wieder, ein anderes Geheimnis zum Erfolg gibt es nicht. Was später so leicht und spielerisch aussieht, ist das Ergebnis harten Trainings und setzt einen starken Willen zum geduldigen Wiederholen einer Technik voraus, bis man sie „im Schlaf" beherrscht.

Das gilt für die Bodentechniken ebenso wie für den Wurf HANE GOSHI, von dem eben in der kleinen Geschichte die Rede war.

Tausendundeinmal üben!

Sei einmal ehrlich: Wie oft warst du im Training schon gelangweilt und ein klein wenig ungeduldig, wenn die Ausführung einer bekannten Technik von euch immer wieder gefordert wurde.
Warst du da noch ganz intensiv bei der Sache oder hast du „schludrig" mitgemacht, weil du „endlich was Neues" wolltest?
Denke einmal über deine Lieblingsbodentechnik nach: Stell dir vor, mitten in der Nacht weckt dich dein nächster Wettkampfgegner, könntest du sofort deine Technik ausführen oder müsstest du überlegen?

- Kannst du diese Technik auch rechts und links anwenden?
- In welchen Situationen ist sie möglich?
- Kannst du dir diese Situationen schaffen?

Schreibe einmal unten die wichtigen Punkte dieser Technik auf (nein, nicht schummeln und nachschauen, das solltest du so wissen)!

Bodentechniken

Vorgaben des Bodenprogramms der Prüfungsordnung des Deutschen Judo-Bundes und ein nach diesen Vorgaben erstellter Technikkanon.

Das Mindestalter für den zweiten Kyu beträgt zwölf Jahre.

Prüfungsvorgaben

Übergang Stand-Boden

a) HIKKOMI GAESHI mit anschließendem Haltegriff.
b) Zwei Formen des Gegenangriffs mit einer Bodentechnik nach UKEs erfolglosem Angriff mit einer Wurftechnik.

Oberlage

- OKURI ERI JIME
- JUJI JIME
- HADAKA JIME

Je ein Anwendungsbeispiel aus typischen Standardsituationen des Bodenkampfs.

Unterlage

Zwei Würgetechniken aus TORIs Rückenlage.

1.3 PRÜFUNGSVORGABEN zum Blaugurt

Technikkanon

Übergang Stand-Boden

HIKKOMI GAESHI mit anschließendem Haltegriff.

HIKKOMI GAESHI.

Zwei Formen des Gegenangriffs mit einer Bodentechnik nach UKEs erfolglosem Angriff mit einer Wurftechnik.

Wiederholung: Angriff – Block – Nachgehen (siehe orangegrün).

Gegenangriff nach misslungenem SEOI NAGE:

1. Umlaufen von SEOI NAGE zum SHIHO GATAME.
2. KOSHI JIME.
3. Rollen zum KATA TE JIME und YOKO SHIHO GATAME.

Oberlage:

OKURI ERI JIME/JUJI JIME/HADAKA JIME.

Je ein Anwendungsbeispiel aus typischen Standardsituationen des Bodenkampfs.

OKURI ERI JIME:	Aufreißen zum OKURI ERI JIME gegen die Bauchlage.
JUJI JIME:	Marhenke I, II und III.
HADAKA JIME:	HASAMI JIME gegen Beinklammer.

Unterlage:

Zwei Würgetechniken aus TORIs Rückenlage:

- JUJI JIME aus der eigenen Rückenlage.
- SANKAKU JIME aus der eigenen Rückenlage.

Siehe auch Überblick über
SHIME WAZA: Demonstration der Hebelgruppen und -prinzipien:
JUJI JIME, RYO TE JIME, OKURI ERI JIME, HADAKA JIME,
KATA TE JIME, KATA HA JIME, ASHI JIME.

Bodentechniken

Beim HIKKOMI GAESHI setzt du deine Bodentechnik im Prinzip schon im Stand an. Du rollst den Partner in einen Haltegriff.

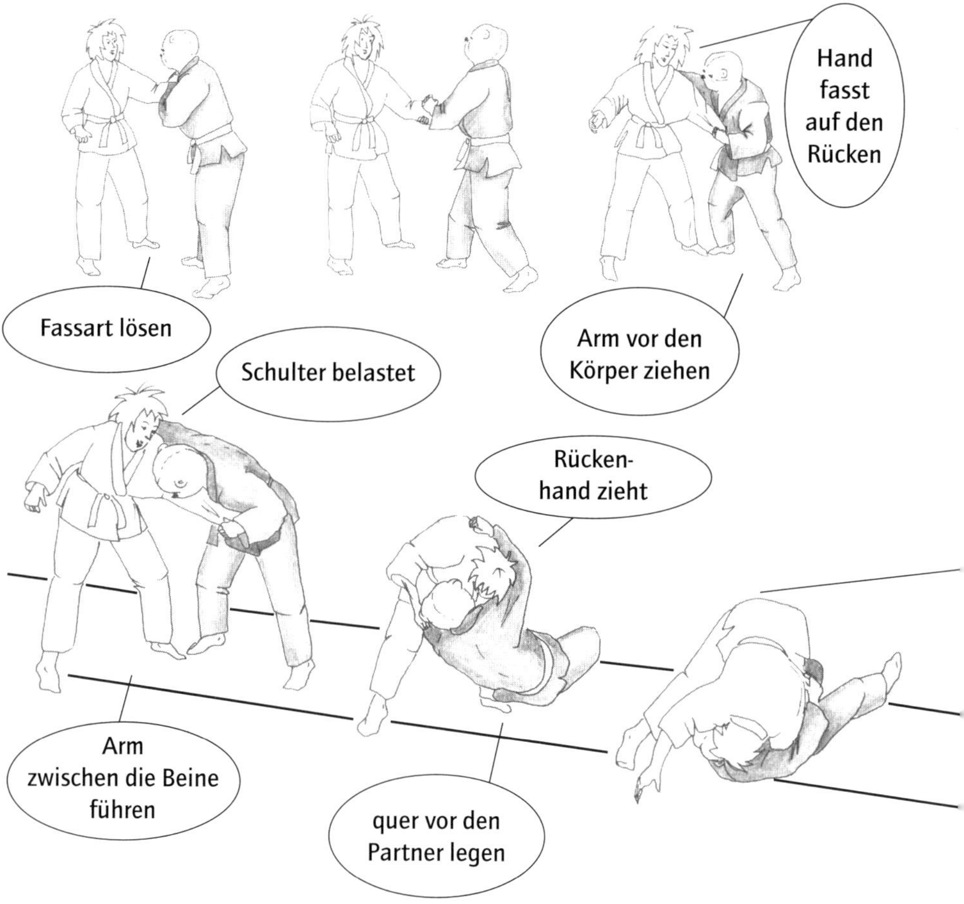

Den Arm zieh quer vor seinen Bauch,
belaste seine Schulter auch,
den Arm zieh nun durch seine Beine,
und schon rollt er von alleine ...

HIKKOMI GAESHI

ZUM MITLESEN:

Wenn du die Reversfassart des Partners gelöst hast, ziehst du seinen Arm quer vor seinen Bauch. Mit der anderen Hand fasst du weit auf seinen Rücken und deine Schulter belastet ihn. Bei dieser einseitigen Fassart muss schnell ein Ansatz folgen: Du führst seinen Arm zwischen seine Beine durch und pendelst quer vor den Partner, dabei zieht deine Rückenhand nach unten. So zwingst du den Partner zu einer Vorwärtsrolle. Seinen Arm führst du dabei aktiv zwischen deine Beine durch und rollst dich auf den Partner drauf. Dein Oberkörper belastet ihn und du baust ein Stützviereck auf.

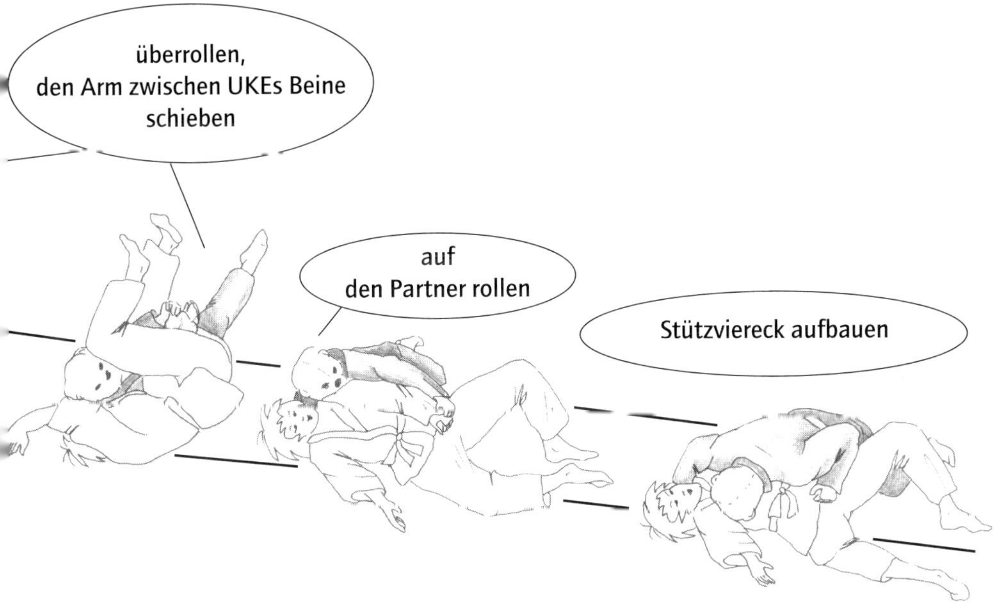

Bodentechniken

SEOI NAGE gehört zu den am häufigsten angesetzten und erfolgreichsten Techniken. Deshalb ist es sinnvoll, verschiedene Möglichkeiten der Verteidigung zu kennen. Hier zunächst ein Umlaufen:

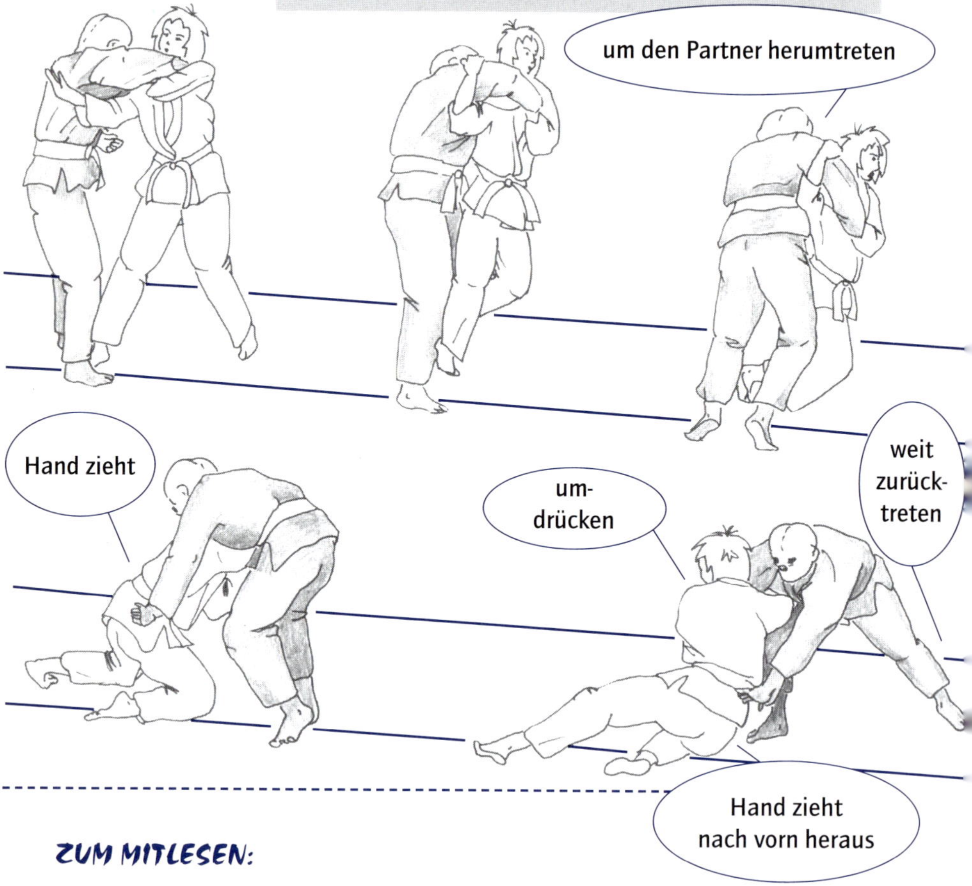

ZUM MITLESEN:

Der Partner setzt einen SEOI NAGE an. Du weichst mit tiefem Schwerpunkt in einem weiten Schritt um ihn herum in seiner Wurfrichtung aus und blockst mit deiner Hand in seinem Rücken, damit er nicht zu einem weiteren SEOI NAGE-Ansatz nachrutschen kann. Du trittst weiter um ihn herum und ziehst ihn dabei mit der Hand, die auf seinen Rücken gefasst hat, in seiner Wurfrichtung nach schräg vorne heraus. Nun drehst du ihn mit deiner anderen Hand auf den Rücken, belastest ihn mit dem Oberkörper und setzt einen YOKO SHIHO GATAME an.

Umlaufen von SEOI NAGE zum SHIHO GATAME

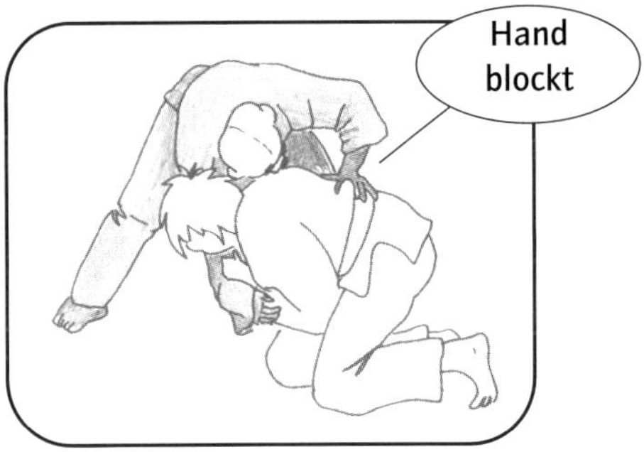

Er dreht zum SEOI NAGE ein –
das kann für dich nur schädlich sein:
Im Halbkreis tanz um ihn herum
und dreh ihn dabei ziehend um!

Bodentechniken

Du bist einem SEOI NAGE ausgewichen und hast mit der Hand geblockt. Das Revers des Partners hast du noch gefasst, was du nun zu einem Würger nutzt.

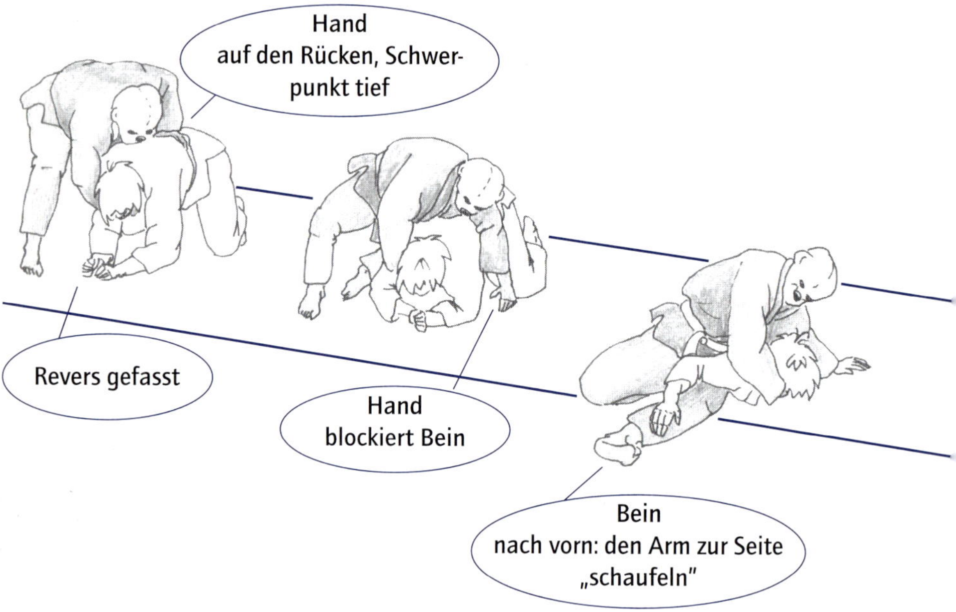

VARIANTE:
In die Hose des Partners fassen, der Ellbogen blockiert dann seine Hüfte, so fixierst du ihn auf der Stelle.

KOSHI JIME

Revers gefasst und ausgeblockt,
steig nach zum Würger, wenn's dich lockt,
bring die Hüfte vor den Arm,
in deinem Würger wird ihm warm.

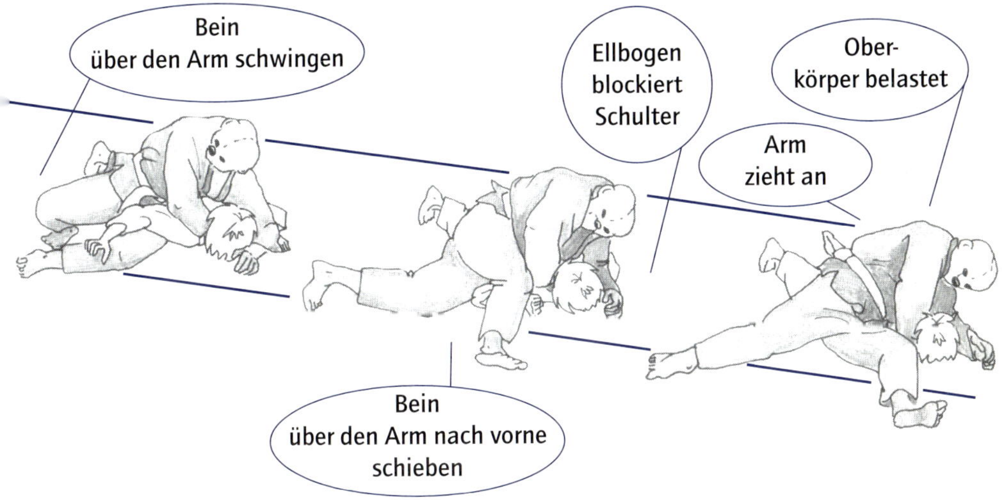

ZUM MITLESEN:

Du bist dem tiefen SEOI NAGE deines Partners ausgewichen und hast ihn geblockt. Sein Revers hast du noch gefasst. Diese Fassart behältst du bei. Deine Hand blockiert nun sein Bein, damit du ihn in die Bauchlage zwingen kannst. Dazu schiebst du dein Bein, Knie voran, unter seinem Arm durch nach vorn (Schaufelbewegung). Nun schwingst du dein zweites Bein über seinen Arm nach vorn. Danach ziehst du Bein Nummer eins über seinen Arm nach und schiebst es vor. Dein Oberkörper belastet den Partner, während dein Arm sein Revers zum Würger anzieht.

Bodentechniken

Du hast den Wurf des Partners ausgeblockt und ihn in die Bank gezwungen. Da du sein Revers noch gefasst hast, kannst du, als Alternative zum KOSHI JIME, auch zum KATA TE JIME nachgehen.

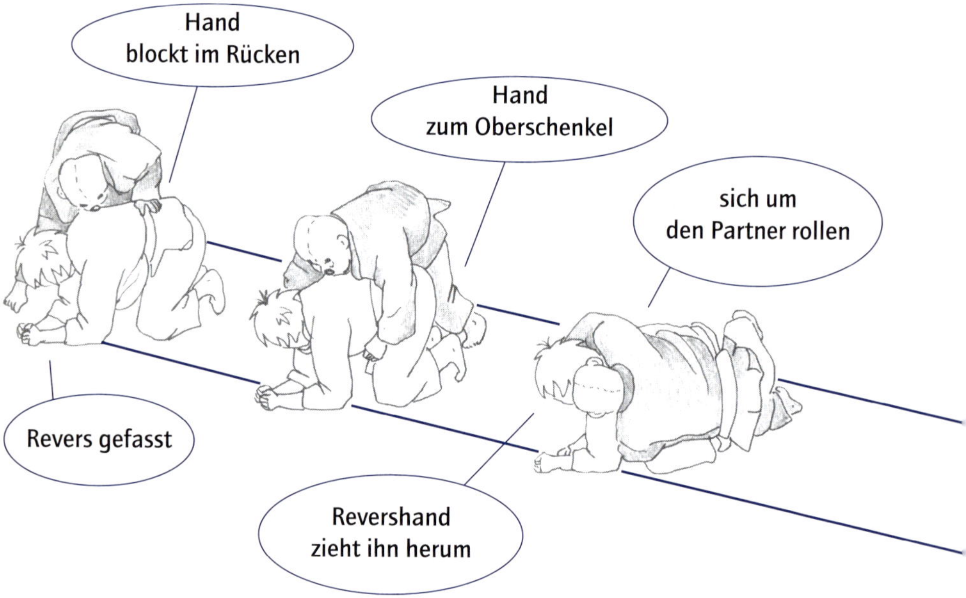

ZUM MITLESEN:

Du bist dem tiefen SEOI NAGE deines Partners ausgewichen und hast ihn geblockt. Sein Revers hast du noch gefasst. Diese Fassart behältst du bei. Du rollst dich nun um den Partner und deine Hand greift dabei um seinen Oberschenkel. Die Revershand zieht ihn herum. Hast du sein Revers eng gefasst, kann der Würger hier schon einsetzen! Nun belastet dein Kopf seinen Oberkörper, während du ein Stützviereck zum YOKO SHIHO GATAME aufbaust. Dein Arm bleibt um den Oberschenkel gefasst und zieht den Partner eng an dich heran (Gegenpol zum Würgen). Nun drehst du das Handgelenk zum Würger an den Hals und ziehst das Revers eng an.

Rollen zum KATA TE JIME und YOKO SHIHO GATAME

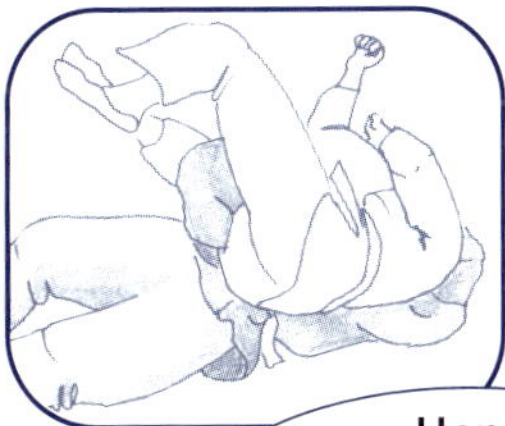

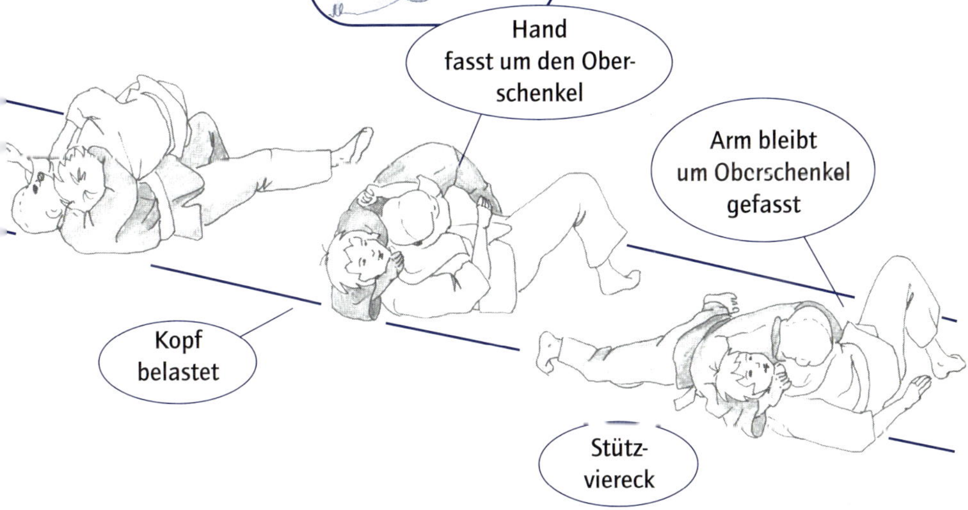

Die Revershand noch gefasst
roll um dich herum die Last,
Oberschenkel flink fixiert
würg nun – er kapituliert!

Bodentechniken

Aufgabe 1

Zeichne die Schrittfolge beim Umlaufen von SEOI NAGE in die leeren Felder ein, UKEs und TORIs Füße in unterschiedlichen Farben!

1 2 3 4

Aufgabe 2

Schau dir zur Erinnerung noch einmal diese Bilder an: Warum ist es bei SEOI NAGE und anderen Würfen wichtig, den Wurf energisch zu blocken **(1)**, bevor du in den Boden nachgehst **(2)**?

1

2

ÜBUNGEN
(Stand-Boden-Übergänge)

Aufgabe 3

Wieso ist es vorteilhaft, die Reversfassart beim Übergang aus dem Stand in den Boden beizubehalten?

____

____

____

____

____

____

Aufgabe 4

Beschreibe den KOSHI JIME in eigenen Worten:

____

____

____

____

____

____

____

____

____

____

____

Bodentechniken

Dir ist es nicht gelungen, direkt in den Boden nachzugehen und der Partner verteidigt in der Bauchlage.

ZUM MITLESEN:

Dein Partner befindet sich in der Bauchlage. Du stellst dich in den Gummiknien über ihn, fasst in seinen Gürtel und reißt ihn auf. Du steigst nun mit den Beinen in seine Oberschenkel ein und bringst die Hacken zueinander. Nun fasst du unter

Aufreißen zum OKURI ERI JIME gegen die Bauchlage

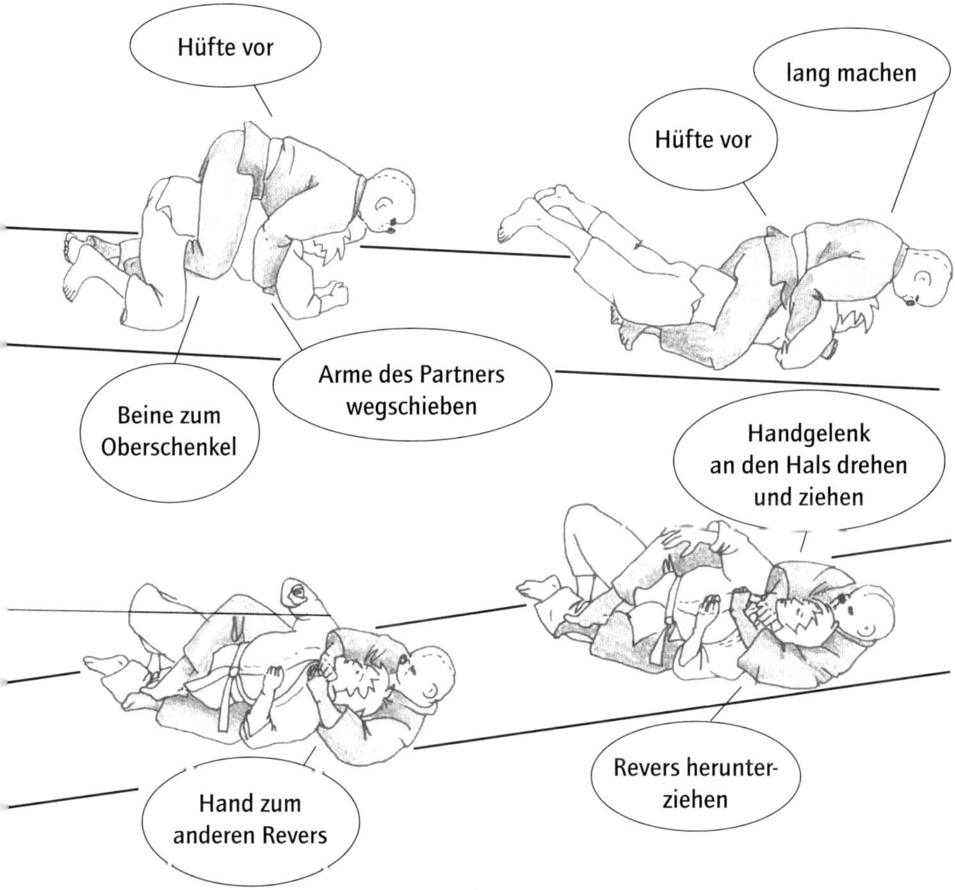

seine Arme, schiebst die Füße zwischen seine Oberschenkel und bringst die Hüfte vor. So belastest du den Partner. Mit Ellbogen und Oberarm schiebst du nun seinen Kopf zur Seite. Am dadurch freigelegten Hals entlang schiebst du deine Hand, um ins gegenüberliegende Revers zu fassen. Nun drehst du den Partner mit Hilfe der Beine und durch Ziehen am Revers. Deine zweite Hand fasst zum anderen Revers und du ziehst es herunter. Das Handgelenk der anderen Hand drehst du an den Hals und ziehst, während deine Beine den Körper des Partners fixieren.

Bodentechniken

Die folgenden drei Anwendungsbeispiele für den JUJI JIME wurden für den Wettkampf in den 70er Jahren als Angriffe gegen die Bankposition verbreitet. Hier zunächst die Grundversion:

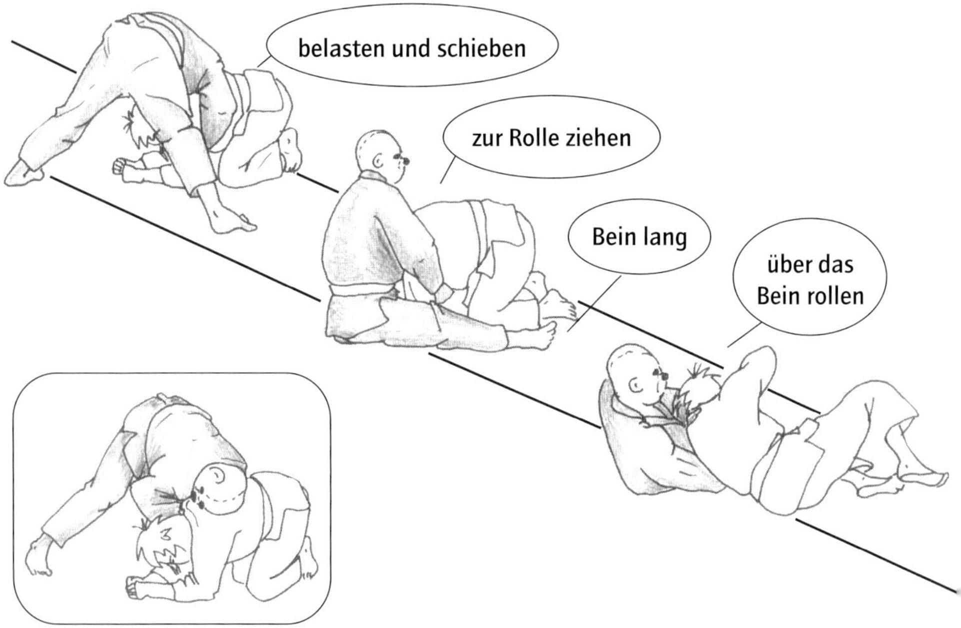

ZUM MITLESEN:

Der Partner befindet sich in der Bankposition. Du fasst mit der Hand von seinem Po her unter seinem Arm durch zum gegenüberliegenden Revers möglichst dicht am Hals. Die andere Hand fasst in sein Nackenrevers. Du belastest den Partner stark und drückst ihn zur Seite. Wenn seine Gegenreaktion kommt, setzt du den einen Fuß vor seinem Kopf auf und rutschst mit dem anderen Bein an seiner Seite entlang, um ihn, seiner Bewegungsrichtung folgend, über dein Bein zu rollen. Dabei ziehst du ihn mit den Händen über dein Bein. Anschließend drehst du dich auf ihn, wobei du mit dem Unterarm quer auf seinen Hals drückst, um die Blutzufuhr zum Gehirn zu verringern. Die andere Hand zieht das Revers des Partners herunter.

MARHENKE 1 (TAWARE JIME als Anwendungsbeispiel für JUJI JIME)

Fassart zum MARHENKE-Würger

Eine Hand unter dem Arm ins Revers, die andere Hand ins Nackenrevers. Zum Würger schiebt der Ellbogen den Unterarm quer auf den Hals, die andere Hand zieht das Revers herunter.

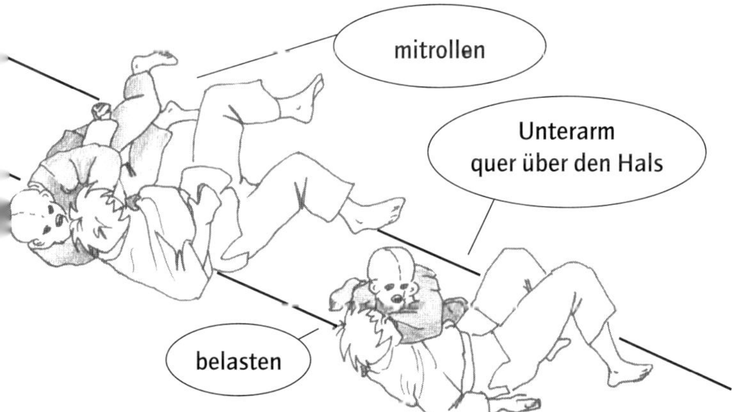

Mit den Händen am Revers
ihn zu drehen, ist nicht schwer,
roll ihn übers lange Bein,
den Unterarm zum Hals dreh ein.

Diese Version des TAWARE JIME ist die ursprünglich von Fred Marhenke in den 70er Jahren eingesetzte Wettkampftechnik.

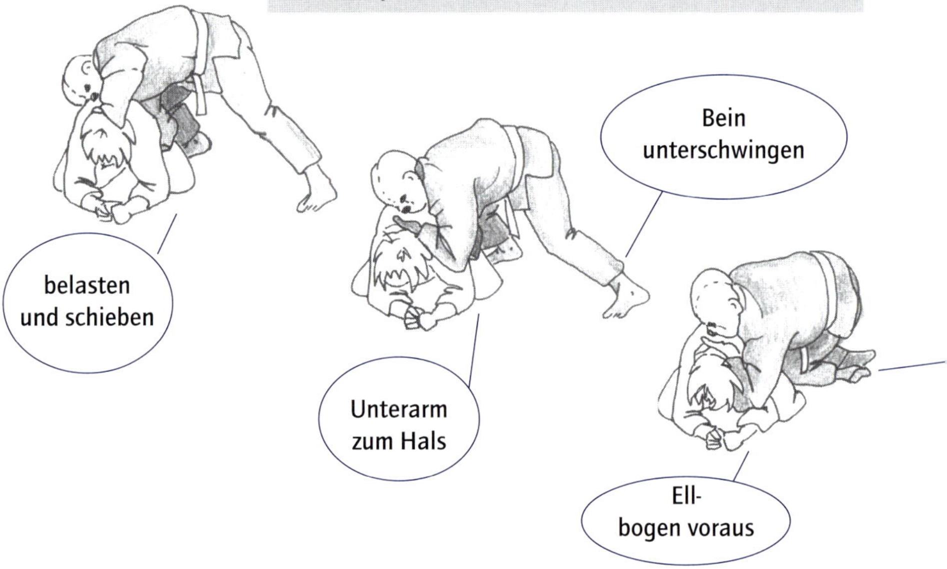

ZUM MITLESEN:

Der Partner befindet sich in der Bankposition. Du fasst mit der Hand von seinem Po her unter seinem Arm durch zum gegenüberliegenden Revers möglichst dicht am Hals. Die andere Hand fasst in sein Nackenrevers. Du belastest den Partner stark und drückst ihn zur Seite. Wenn seine Gegenreaktion in die andere Richtung kommt, legst du dich längs neben ihn. Dein Ellbogen drückt dabei an seinen Hals und führt die Drehung des Partners über dich. Du behältst den engen Kontakt bei und drehst dich auf ihn. Du drückst mit dem Unterarm weiter quer auf seinen Hals und ziehst mit dem anderen Arm das Revers herunter.

**Mit den Händen
am Revers
ihn längsseits drehen,
ist nicht schwer,
voraus geht hier
dein Ellbogen
und würgt auch gleich –
wenn angezogen!**

MARHENKE II (TAWARE JIME als Anwendungsbeispiel für JUJI JIME)

Die Fassart für den TAWARE JIME

Bodentechniken

Diese Version ist eine Möglichkeit, wenn der Partner schon „dicht gemacht" hat und du ihn nicht zur Seite kippen kannst:

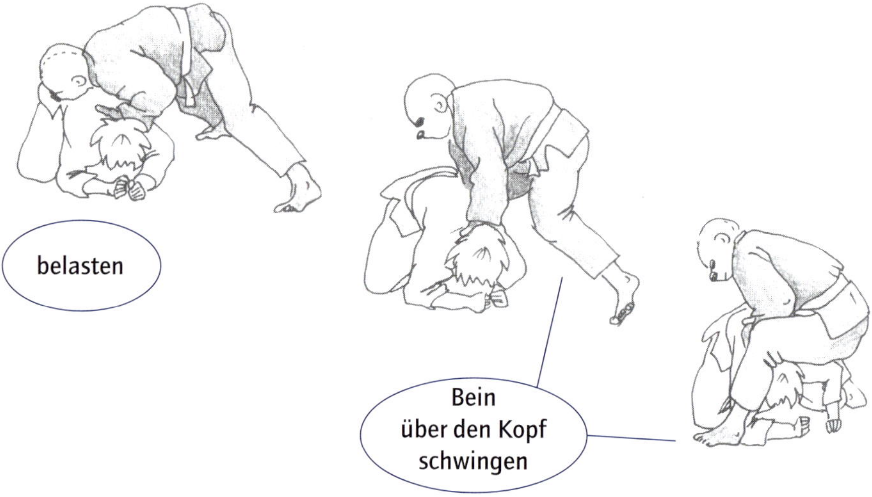

ZUM MITLESEN:

Der Partner befindet sich in der Bankposition. Du fasst mit der Hand von seinem Po her unter seinem Arm durch zum gegenüberliegenden Revers, möglichst dicht am Hals. Die andere Hand fasst in sein Nackenrevers. Du ziehst den Partner nach schräg vorn an und schwingst dein Bein über seinen Kopf.

Nun legst du dich auf die Seite, schwingst dein zweites Bein auf seinen Rücken und drehst dich, bis dein Bauch zur Matte zeigt, Fassart beibehalten! Dein Partner macht eine Vorwärtsrolle und landet auf deinen Unterschenkeln. Nun nutzt du deinen Kopf zum Abstützen und kannst den Partner durch Anziehen der Hände und Belasten würgen.

MARHENKE III zum MUNE GYAKU

Hand unter'm Arm und hinter'm Schopf,
dein Bein belastet seinen Kopf,
das zweite Bein schwingst du hinüber
und rollst ihn unverzüglich über.

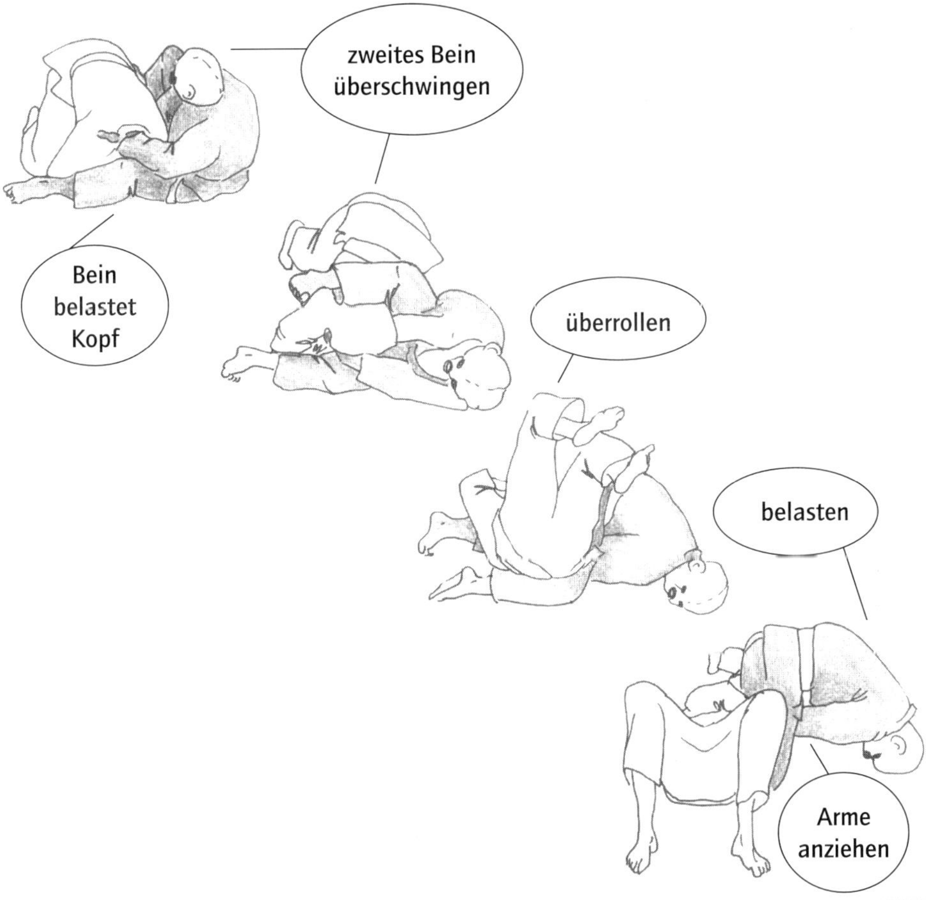

Bodentechniken

Aufgabe 1
Welche andere Technik kannst du noch an das Aufreißen (Bild) anschließen?

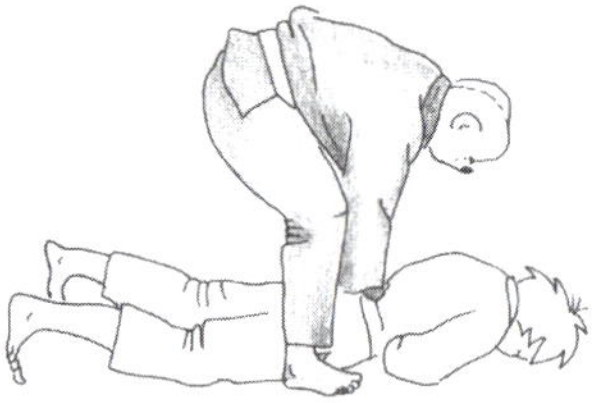

Aufgabe 2
Was machst du, wenn UKE dich in der Situation wie im nebenstehenden Bild weiter überrollt?

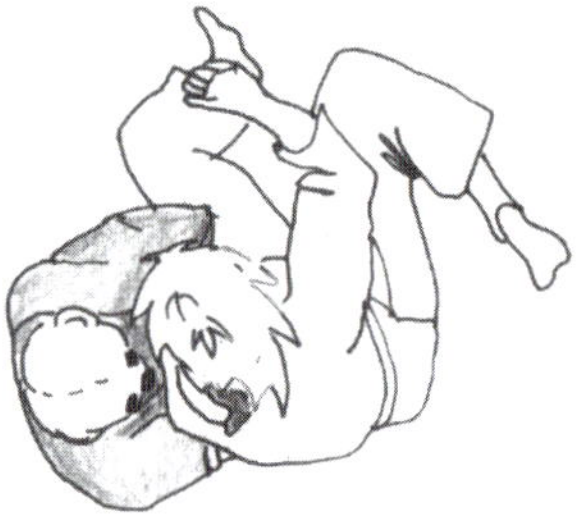

Aufgabe 3
Der Partner will mit der Hand an deinen Hals zum Würger. Wie kannst du dich dagegen verteidigen?

ÜBUNGEN (JUJI JIME, OKURI ERI JIME)

Aufgabe 4
Um zu würgen, musst du an den Hals des Partners gelangen. Wie stellst du das am geschicktesten an?

Aufgabe 5
Beschreibe die Bewegung deiner Arme beim Würgen, wie du sie zum MARHENKE-Würger brauchst. Wieso kannst du mit einem Würger den Partner zur Aufgabe bringen?

Bodentechniken

Die Beinklammer hast du bisher durch Festlegen gelöst. Eine effiziente Methode, diese Situation zu beenden, ist ein Würger.

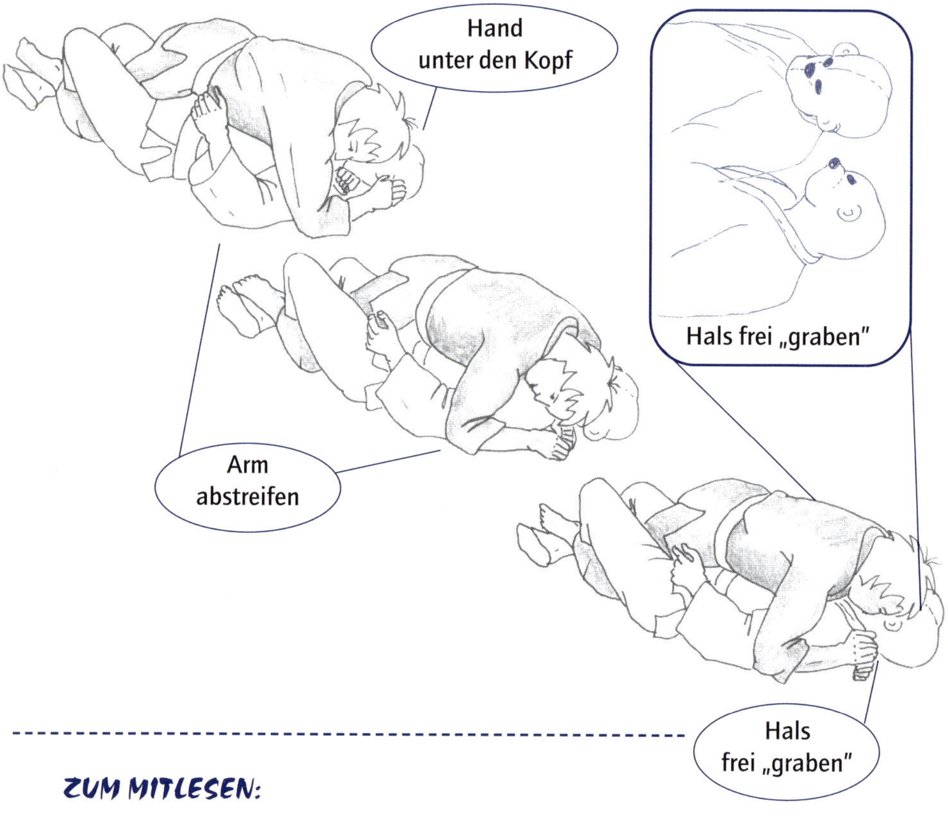

ZUM MITLESEN:

Der Partner hält dich mit einer Beinklammer fest. Auf der Seite, wo dein Bein frei ist, nimmst du die Arme unter den Kopf (machst du es andersherum, kann er dich beim Würger abkippen!). Mit dem anderen Arm streifst du jetzt den Arm des Partners an seinen Körper, damit er nicht am Hals verteidigen kann. Du legst deinen Kopf an seine Brust und beginnst, deinen Kopf nach schräg oben zu schieben („graben"), um den Hals des Partners freizulegen. An der so geöffneten Stelle arbeitet sich jetzt deine Hand am Hals entlang durch. Dabei schiebt sich die andere Hand in die Ärmelöffnung. Nun drückst du die Arme zum Würger zusammen. Parallel dazu kannst du die Beine aus seiner Klammer arbeiten, er wird abgelenkt sein!

HASAMI JIME
gegen Beinklammer

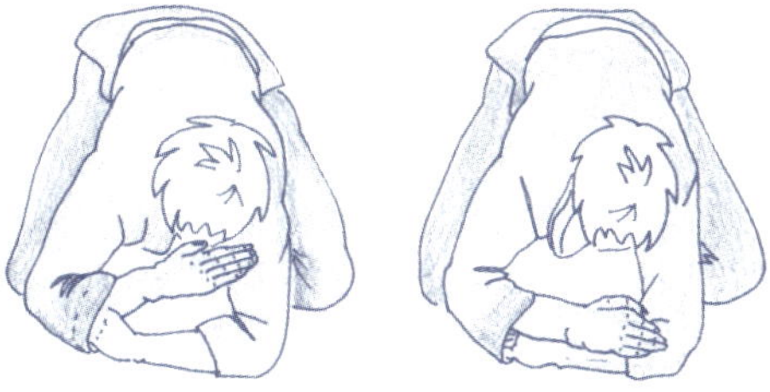

Mit den Händen in den Ärmel greifen und
die Arme zusammenbringen

Arm abstreifen, Hals frei „graben",
mit der Hand am Hals lang schaben,
in den Ärmel gleitest du
und schon schnappt der Würger zu!

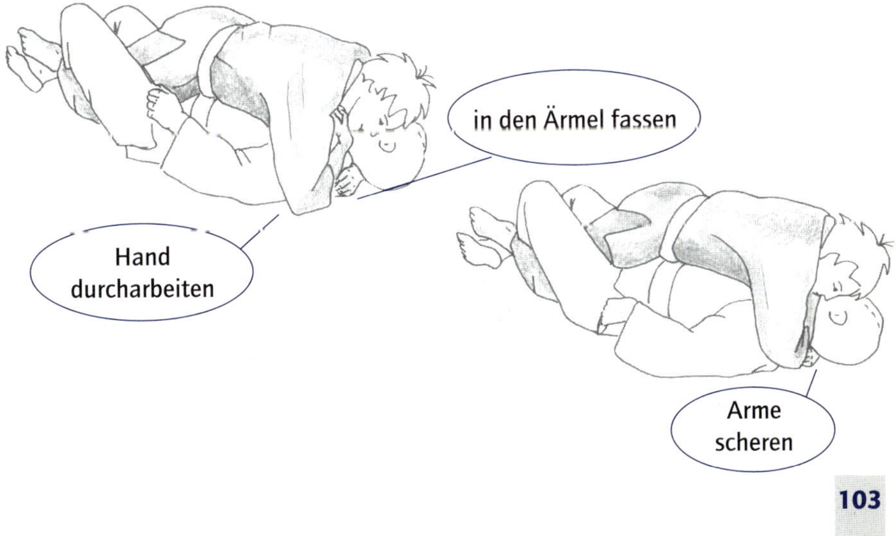

JUJI JIME hast du schon in der Anwendung als MARHENKE-Würger kennen gelernt. Hier nun der Kreuzwürger aus der eigenen Rückenlage:

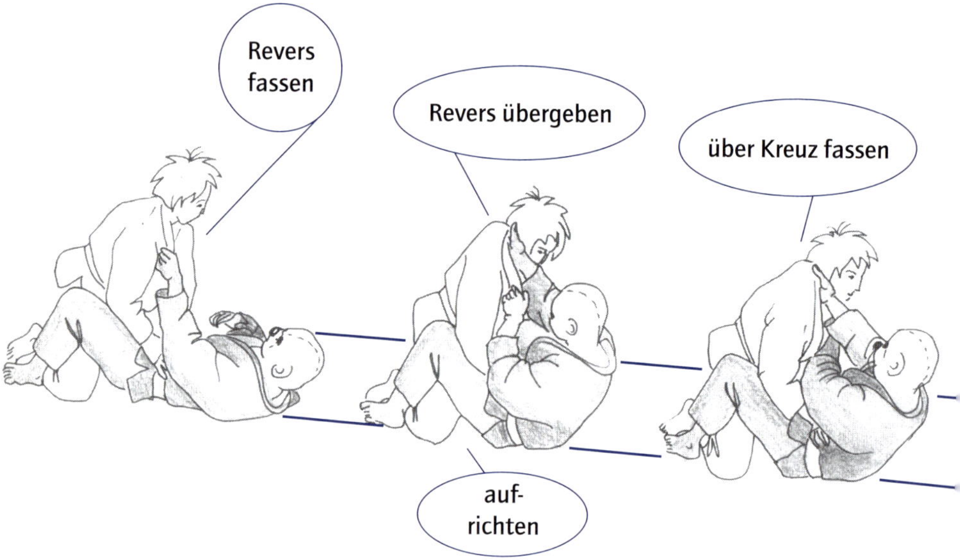

ZUM MITLESEN:

Du befindest dich in der Rückenlage, den Partner zwischen den Beinen. Du fasst mit der einen Hand in das Revers des Partners, das du an die andere Hand übergibst, die möglichst hoch am Hals fasst. Nun fasst die erste Hand über Kreuz das Revers auf der anderen Halsseite. Bei dieser Version von JUJI JIME (GYAKU JUJI JIME = Kammkreuzwürgen) liegen die Finger unten und die Daumen oben auf dem Revers. Nun ziehst du den Partner an dich heran und rollst die Handgelenke zum Würger ein.

JUJI JIME
aus der eigenen Rückenlage

Hände fassen über Kreuz hoch ins Revers.
Hände heranziehen und Handgelenk einrollen

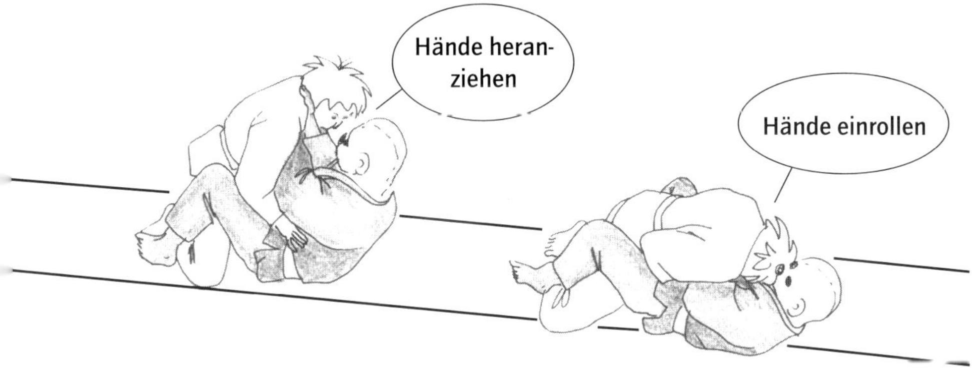

Hände über Kreuz gefasst -
genieß den Würger ohne Hast!

Diese Technik ähnelt dem Anfang vom TATE SANKAKU GATAME. Wenn es dir hier gelingt, einen SANKAKU JIME anzusetzen, sparst du dir das kraftaufwendige Drehen zum TATE SANKAKU GATAME!

ZUM MITLESEN:

Du befindest dich in der Rückenlage, den Partner zwischen deinen Beinen. Der Partner greift unter deinem Bein durch. Du schwingst deine Unterschenkel in seinen Nacken. Jetzt klemmst du Kopf und Arm des Partners ein, indem du dein anderes Bein mit der Kniekehle über deinen Fuß schlägst, dein Fuß bildet nun einen „Angelhaken": Spann anziehen! Anfangs mag es dir schwer fallen, das Dreieck zu schließen. Dann kannst du mit der Hand deinen Fuß heranziehen. Du würgst ihn nun durch Zusammendrücken der beiden Oberschenkel.

SANKAKU JIME
aus der eigenen Rückenlage

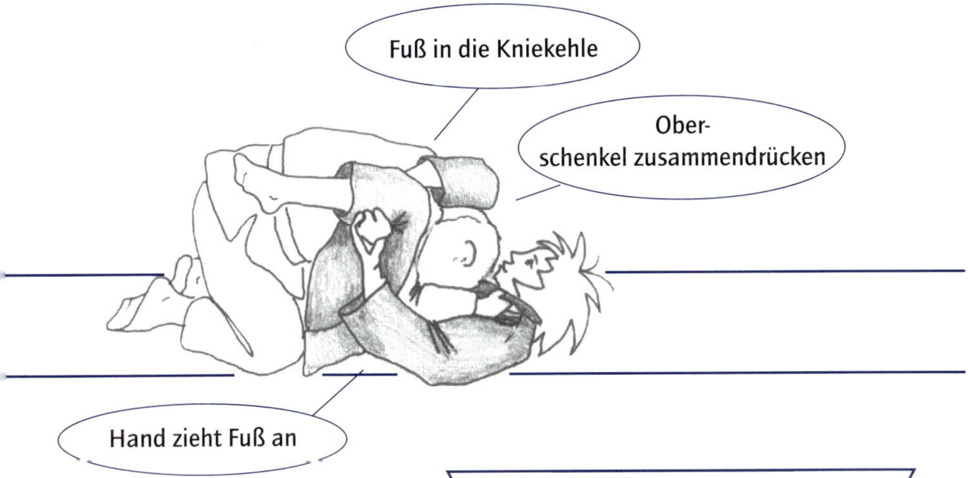

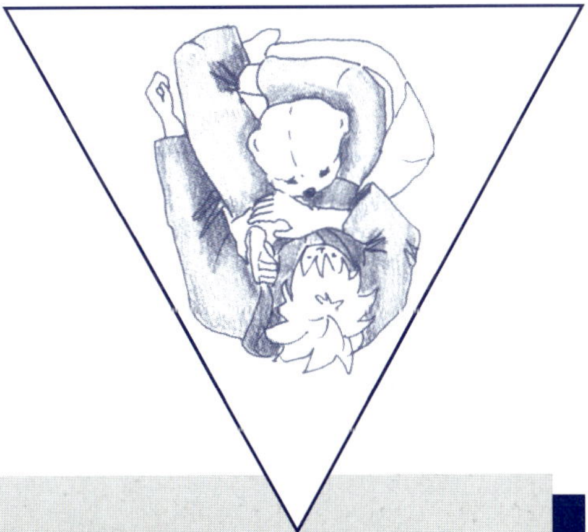

Hakbein unter Riegelbein,
der SANKAKU würgt auch fein!

Aufgabe 1
Nenne weitere Anwendungsbeispiele für den Einsatz von JUJI JIME!

____

____

____

Aufgabe 2
SANKAKU JIME ist auch möglich, wenn du eine andere Umdrehtechnik aus der eigenen Rückenlage anwendest, die du schon kennst. Welche?

____

Aufgabe 3
Was musst du tun, wenn du dein Bein aus der Beinklammer befreien willst und dein Würger nicht sofort Wirkung zeigt?

____

____

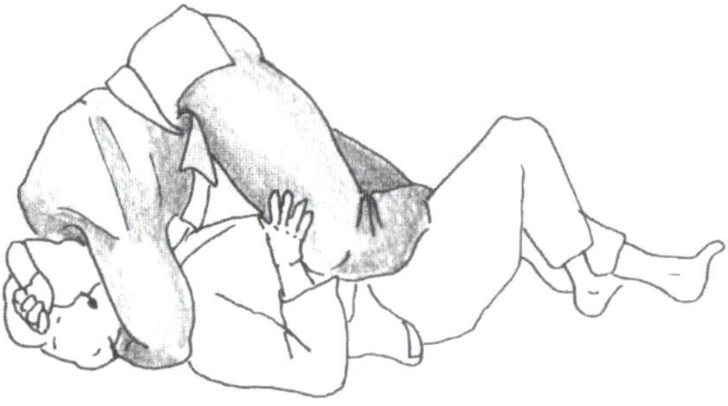

ÜBUNGEN (Würger aus eigener Rückenlage und zum Lösen der Beinklammer)

Aufgabe 4

Nimm an, der JUJI JIME in der eigenen Rückenlage wirkt nicht. Was kannst du tun?

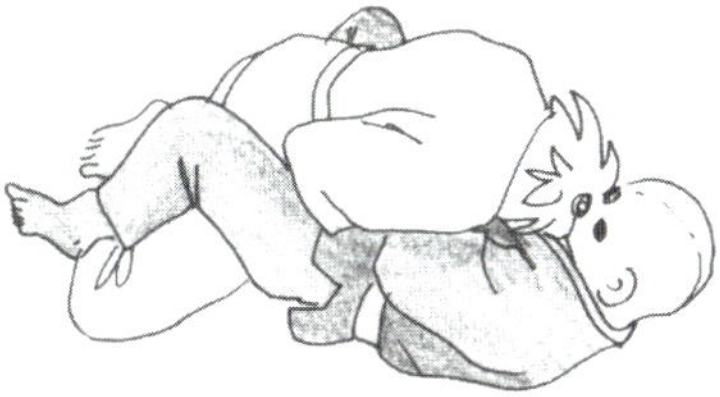

____

____

____

____

____

____

Aufgabe 5

Mein kleines Wörterbuch:
Was bedeuten die folgenden Begriffe auf Deutsch?

OKURI = ______________________________

ERI = ______________________________

JIME = ______________________________

JUJI = ______________________________

HASAMI = ______________________________

SANKAKU = ______________________________

KOSHI = ______________________________

TAWARE = ______________________________

Bodentechniken

Der Deutsche Judo-Bund schickt immer wieder einmal erfolgreiche jugendliche Wettkämpfer aus Deutschland ins Ursprungsland des Judo. Robert war einer von ihnen. Hier sind Auszüge aus seinem Reisetagebuch:

... Am nächsten Tag fuhren wir ins weltberühmte Einkaufsviertel Ginza von Tokio, um dann anschließend zum ersten Training im nicht minder berühmten Kodokan aufzubrechen. Hier lief gerade ein WM-Vorbereitungslehrgang und so durften wir mit Judoka trainieren, deren Namen die meisten von uns nur aus der Zeitung kannten. Mit einem Lächeln um die Mundwinkel erteilten sie uns Flugunterricht und beeindruckten uns durch ihre Beweglichkeit, ihre perfekten Techniken und ihre ans Unglaubliche grenzende Schnelligkeit. Als kleiner Trost für die vielen, vielen Fallübungen blieb uns die Überlegung, dass es auch japanischen Jugendlichen sicher nicht besser ging als uns, wenn es darum ging, mit Weltmeistern ein Randori auszutragen ...

Am nächsten Tag besichtigten wir das Olympiastadion, den Kaiserpalast und den berühmten Meiji-Tempel. Darauf hielt „Ne-waza-Sato" speziell für uns einen Lehrgang in Bodentechniken (Ne-Waza) im Kodokan ab. Das Trainieren der Spezialtechnik stand dabei im Vordergrund. Hierbei erfuhren wir, dass die Japaner am Tag etwa dreihundert Uchi-Komi machen, davon zweihundert vor und einhundert nach dem Training, das dann vorwiegend aus Randori besteht. Bei sieben Trainingseinheiten pro Woche erklärt das einiges im Hinblick auf die sichere Technik der Japaner. Am Nachmittag hatten wir Gelegenheit, im Budokan, dieser Halle, in der 1964 die ersten olympischen Judowettkämpfe ausgetragen wurden, mit dort anwesenden japanischen Jugendlichen zu trainieren, was unser arg angekratztes Selbstbewusstsein wieder etwas aufrichtete, denn es zeigte sich, dass auch Japaner eben nur mit Wasser kochen.

Die nächste Station unserer Reise war Sendai, wo wir zum ersten Male in Familien untergebracht wurden. Erstaunt stellten wir fest, dass man uns mit Transparenten empfing, auf denen „Willkommen deutscher Fußball-Weltmeister!" stand. Unsere Proteste, dass dies ein Irrtum sei, nutzten nichts, Deutsche müssen Fußball spielen können. So machten wir unseren Gastgebern und uns den Spaß, den Ball zu treten. Drei Mannschaften boten die Japaner gegen uns auf, eine Schüler-, eine Jugend- und eine Juniorenmannschaft, die je 15 Minuten gegen uns spielten. Wider Erwarten gewannen wir alle drei Spiele und unser Selbstvertrauen in Bezug auf Fußball war hinterher erheblich gestiegen.

Dem deutschen „Fußball-Weltmeister" zu Ehren gab es dann nachher noch ein Essen, wo man uns unseren japanerfahrenen Betreuern zufolge, aufs Allerbeste japanisch bewirtete: Rohen Fisch, Tintenfisch, Hirschkäfer und ähnliche Leckereien bekamen wir zu kosten. Wir schluckten anfangs verständlicherweise mit vornehmer Zurückhaltung, nach und nach fanden wir jedoch Geschmack an den verschiedenen Delikatessen, sodass am Ende der Reise keiner mehr auf seine tägliche Qualle verzichten wollte!

Bodentechniken

Das Mindestalter für den ersten Kyu beträgt vierzehn Jahre.

Prüfungsvorgaben

Übergang Stand-Boden
Anwenden je einen als: • Weiterführung des eigenen Angriffs und als • Übernahme des gegnerischen Angriffs.
Oberlage
Herausarbeiten je eines Haltegriffs, Armhebels und Würgegriffs aus der Standardsituation Bank-/Bauchlage: • Von der Kopfseite. • Von der Seite. • Aus dem Reitsitz. • Von hinten.
Unterlage
Drei Gegenangriffe aus der eigenen Rückenlage bei unterschiedlichen Angriffen UKEs.

Technikkanon

Übergang Stand-Boden:

Anwenden je einen als: Weiterführung des eigenen Angriffs

Wiederholung: TAI OTOSHI zum JUJI GATAME (siehe orange).
Wiederholung: YOKO TOMOE NAGE zum Russenhebel (s. orangegrün).
Wiederholung: YOKO TOMOE NAGE zum UDE GATAME (s. orangegrün).
TANI OTOSHI zum YOKO SHIHO GATAME.
YOKO TOMOE NAGE zum YOKO SHIHO GATAME.
LAATS zum YOKO SHIHO GATAME.
TE GURUMA zum YOKO SHIHO GATAME.
Eingesprungener JUJI GATAME.

1.4 PRÜFUNGSVORGABEN zum Braungurt

Und als Übernahme des gegnerischen Angriffes:

Wiederholung: KOSHI JIME nach UKEs misslungenem SEOI NAGE (siehe blau).
Umlaufen von YOKO OTOSHI zum YOKO SHIHO GATAME.
Blocken von YOKO SUMI GAESHI zum YOKO SHIHO GATAME.

Oberlage:

Gegen Bank-/Bauchlage: Herausarbeiten je eines Haltegriffs, Armhebels und Würgegriffs.

Von der Kopfseite

SANKAKU zum Haltegriff, Hebel und Würger, Mortensen.
Wege zum SANKAKU (Abkippen, Abkippen über das Riegelbein, Rolle vorwärts), (siehe auch: Handlungskomplex SANKAKU).

Von der Seite

Wiederholung: Tauchrolle zum JUJI GATAME (siehe orange).
Wiederholung: Rollen zum KATA TE JIME mit YOKO SHIHO GATAME (siehe blau).
Tauchrolle zum KATA TE JIME./ Seitliche Rolle zum KATA TE JIME.

Aus dem Reitsitz

Umgedrehter SANKAKU zum Hebel und Würger (SANKAKU JIME) (siehe auch: Handlungskomplex SANKAKU).

Von hinten

Wiederholung: Umdreher gegen die Bank:
a) mit Doppelreverskontrolle,
b) mit Armkontrolle,
c) nach Blocken (siehe gelb).
Wiederholung: Aufreißen zum OKURI ERI JIME gegen die Bauchlage (siehe blau).
Wiederholung: Eckersley- und Rollhebelvarianten zum JUJI GATAME (siehe orange; sowie Handlungskomplex: Angriffe gegen die Bank/Bauchlage unter Ausnutzung der Armfassart).

Unterlage:

Drei Gegenangriffe aus der eigenen Rückenlage bei unterschiedlichen Angriffen UKEs

Wiederholung: UDE GARAMI aus der eigenen Rückenlage (s. orangegrün).
KOSHI GARAMI aus der eigenen Rückenlage.
TATE SANKAKU GATAME aus der eigenen Rückenlage.
Scheren zum KANUKI GATAME.

Siehe auch Überblick über: Handlungskomplex SANKAKU mit allen Varianten.

Bodentechniken

Gerade bei Mitfalltechniken ist es wichtig, Stand-Boden-Übergänge immer gleich mit zu üben, um der Gefahr zu entgehen, dass der Partner im Boden den Kampf übernimmt.

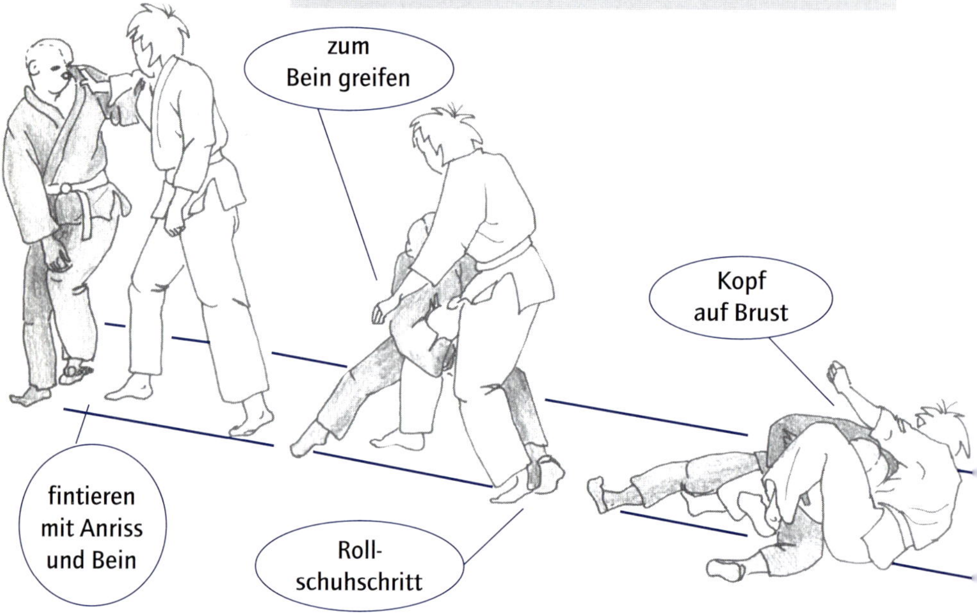

STAND-BODEN-ÜBERGANG: TANI OTOSHI zum YOKO SHIHO GATAME

ZUM MITLESEN:

Du fintierst mit Bein und Anriss eines Wurfs nach vorn. Reagiert der Partner nach hinten, steigst du um. Du greifst um seine Oberschenkel, schiebst dein Bein von außen hinter seine Beine, gleitest im Rollschuhschritt zu Boden und drückst ihn dabei um. Du vollführst nun einen Hüftwechsel, indem du dein Rollschuhbein nach hinten ziehst und dich so auf den Bauch drehst. Nun baust du ein Stützviereck zum YOKO SHIHO GATAME auf, die andere Hand kann zwischen den Beinen gefasst bleiben.

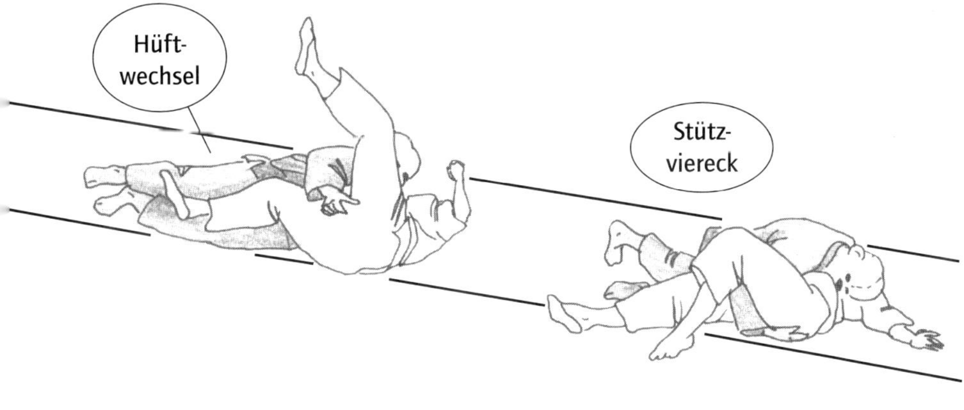

**Erst finitieren, Rollschuhschritt,
Kopf auf Brust, so fällst du mit!**

Bodentechniken

Von dieser Standtechnik hast du schon verschiedene Stand-Boden-Übergänge kennen gelernt, nämlich dann, wenn sie dir misslingt. Hier schließt du einen Stand-Boden-Übergang an die gelungene Technik an:

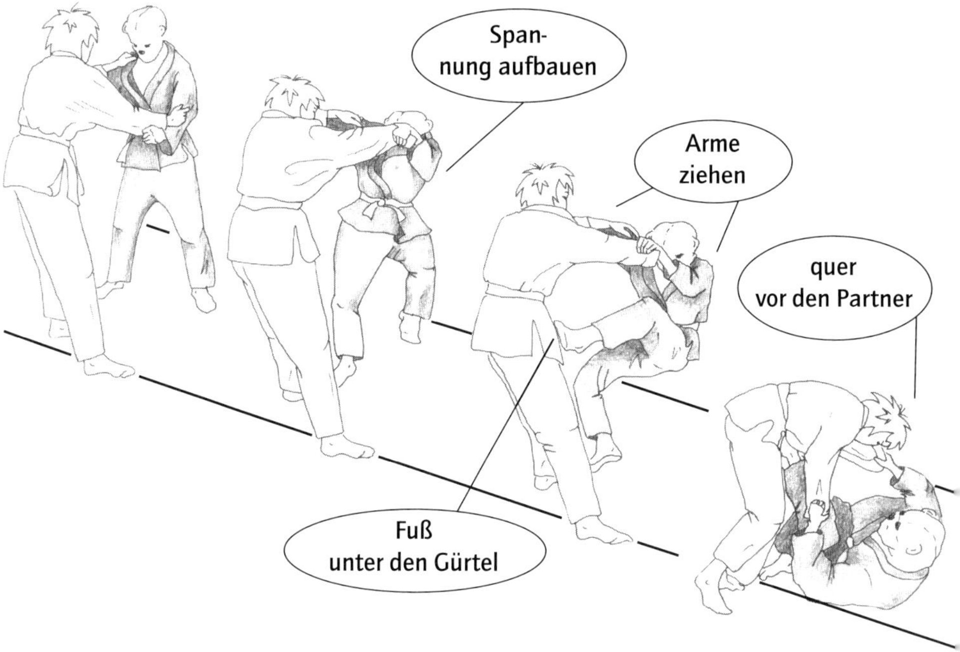

Einspringen, quer zum Partner gehen,
zum Stützviereck dann auf ihn drehen.

STAND-BODEN-ÜBERGANG: YOKO TOMOE NAGE zum YOKO SHIHO GATAME

ZUM MITLESEN:

Du setzt einen YOKO TOMOE NAGE an. Noch während du wirfst, führst du die Bewegung deiner Arme und Beine weiter, um dich im Boden auf den Partner zu drehen. Du landest im YOKO SHIHO GATAME.

TIPP: Falls du deinen Partner beim YOKO TOMOE NAGE mehr über deinen Kopf abwirfst, solltest du wie beim SUMI GAESHI zum TATE SHIHO GATAME nachrollen.

Diese Wurftechnik wurde aus einer Bodentechnik (HIKOKI NAGE) entwickelt und in Europa von den belgischen Brüdern Laats als erfolgreiche Wettkampftechnik verbreitet. Bewegungsmäßig enthält diese Technik Elemente von KATA GURUMA und YOKO OTOSHI.

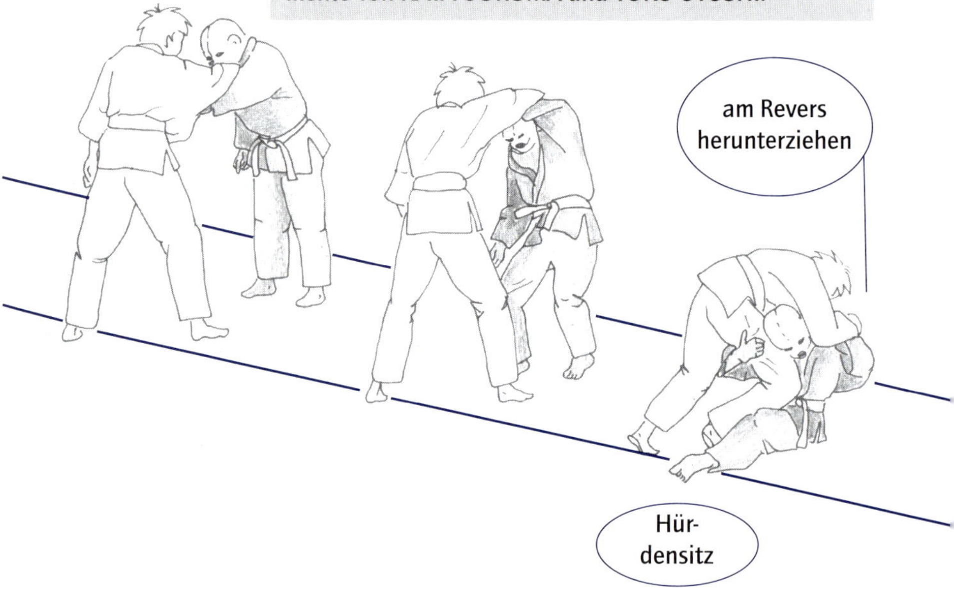

ZUM MITLESEN:

Du reißt den Partner an, rutschst im Hürdensitz um sein vorderes Bein, das du von innen her mit dem freien Arm umschlingst. Mit der Revershand ziehst du ihn herunter, sodass er vornüber kippt. Mit Kopf und Schultern schiebst du ihn über die Seite nach hinten und behältst dabei die enge Kontrolle am Revers. Über eine anschließende Brücke, bei der Kopf und Schulter auf dem Partner liegen, kippst du ihn kontrolliert auf den Rücken. Jetzt drehst du dich zurück auf den Bauch zum Partner hin und baust dein Stützviereck zum YOKO SHIHO GATAME auf.

STAND-BODEN-ÜBERGANG: LAATS zum YOKO SHIHO GATAME

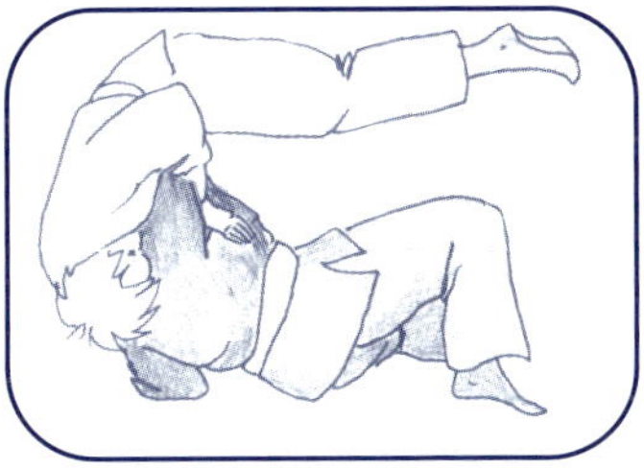

Angerissen,
Hürdensitz,
durch die Brücke
wie der Blitz,
schwing dich
auf den Bauch zurück,
nun bewegt er sich
kein Stück!

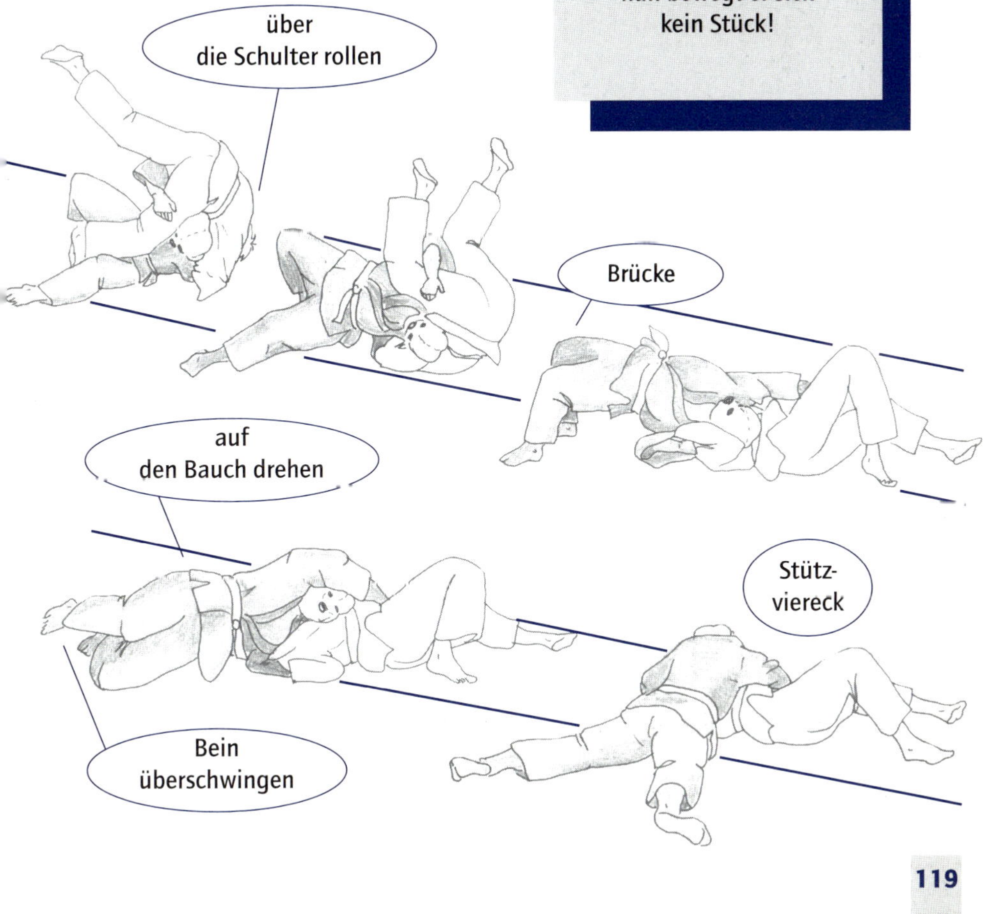

Bodentechniken

Es ist sehr sinnvoll, diese Technik auf der Weichbodenmatte zu üben, da du direkt auf den Partner nachfällst.

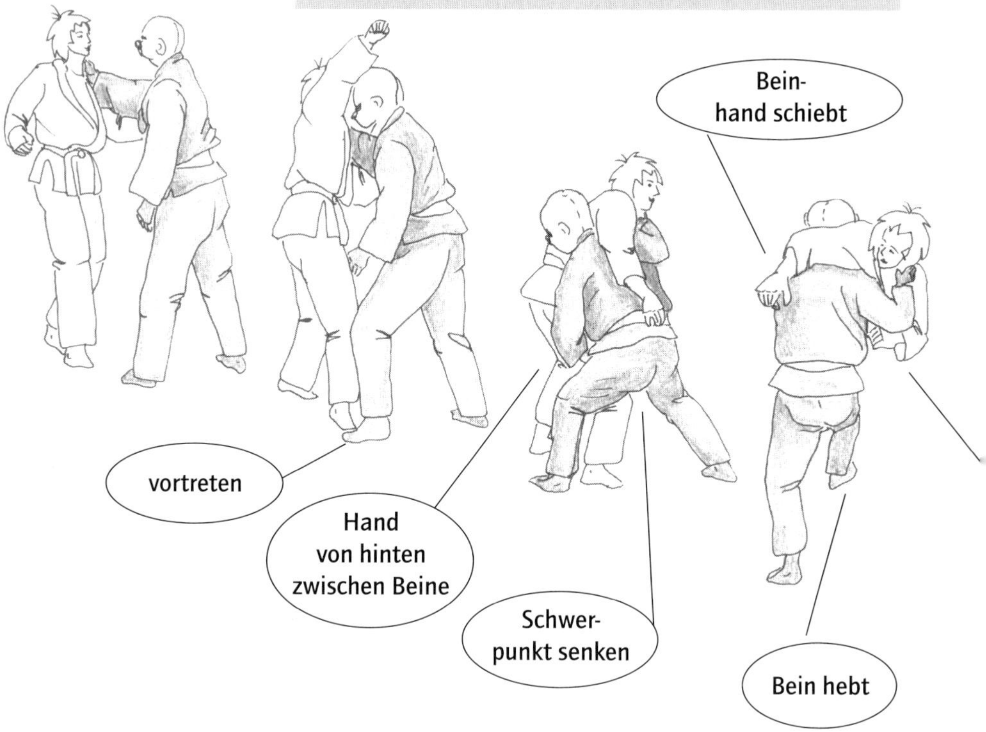

ZUM MITLESEN:

1. Geht bitte auf die Weichbodenmatte!

2. Dein Partner versucht diesmal, über deine Schulter zu greifen. Du trittst ihm entgegen, senkst dabei deinen Schwerpunkt und fasst von außen um seinen Oberschenkel. Nun ziehst du am Revers und hebst ihn aus den Beinen heraus zum Rad. Zur Unterstützung beim Heben kannst du das Bein einsetzen. Nun drehst du dich auf ihn, noch während er in der Luft ist, und landest auf seiner Brust (ACHTUNG: Zum Üben fange dich im Stütz ab!). Dreh dich vollends auf den Bauch zum Stützviereck und blockiere mit dem Knie seine Hüfte.

STAND-BODEN-ÜBERGANG: TE GURUMA zum YOKO SHIHO GATAME

Am Bein zu fassen ihn kriegen, im Rad lernt er dann das Fliegen,
jetzt zum Partner sich drehen, ihr könnt nicht mehr stehen
und – zack! – kommt er unten zu liegen!

Bodentechniken

Es gibt viele Wege zum JUJI GATAME. Eine weitere Möglichkeit ist das direkte Ansetzen im Stand. Diesmal ist es für TORI sinnvoll, eine Weichbodenmatte zum Üben zu nutzen!

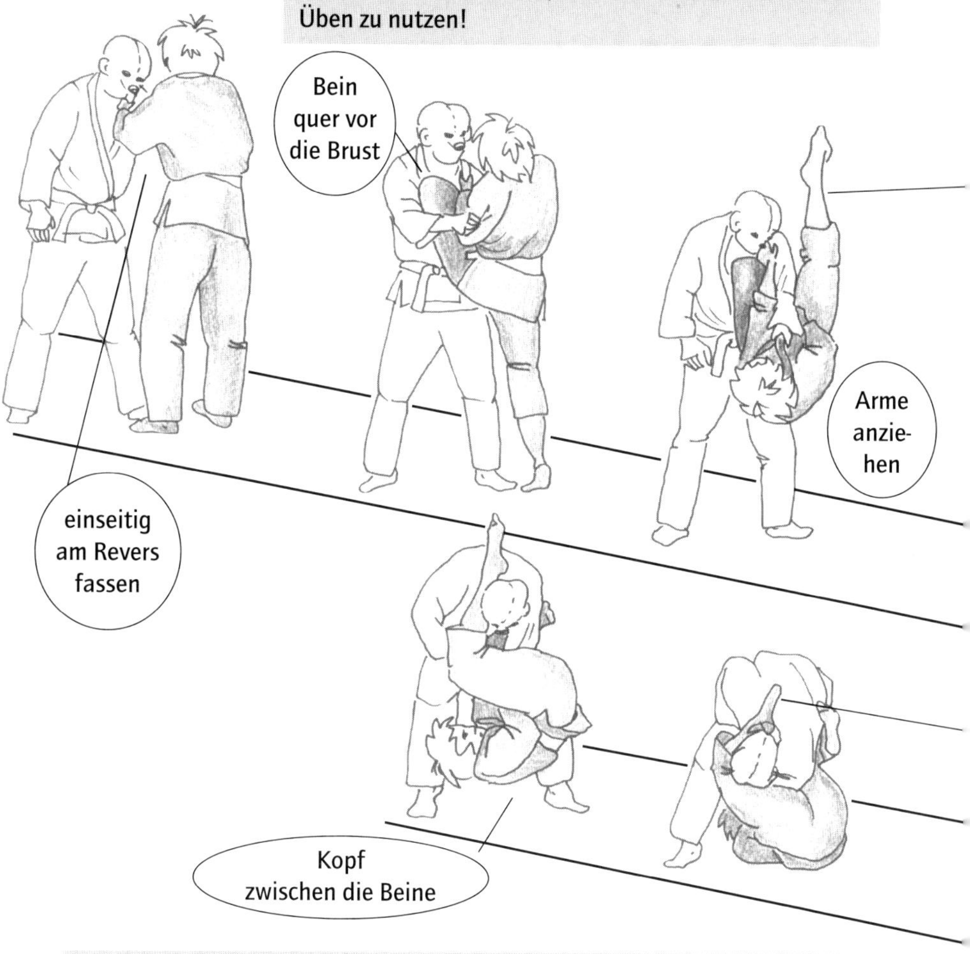

Einseitig fass ihn an der Jacke, das Bein quer vor die Brust ihm packe,
wie ein Flummi hochgesprungen, das Bein ihm um den Kopf geschwungen.
Nun pendle zwischen seine Beine, der Hebel folgt dann ganz alleine.

STAND-BODEN-ÜBERGANG: Eingesprungener JUJI GATAME

ZUM MITLESEN:

Günstig für den Ansatz dieses Hebels ist der Moment, in dem der Partner sich mit dem Oberkörper aufrichtet. Du fasst seinen Arm diagonal zum Revers (einseitige Fassart). Nun schwingst du das Bein auf der Revershandseite mit dem Unterschenkel quer vor die Brust des Partners und setzt den Fuß fast unter seine Achsel. Du springst ab, die Arme ziehst du möglichst eng an und dein zweites Bein schwingt über seinen Kopf. Du machst dich rund wie ein Ball. Dein Kopf schwingt nun zwischen die Beine des Partners. Dein Kopfbein zwingt jetzt den Partner zum Überkippen nach vorn. Er landet auf dem Rücken. Nun drückst du deine Knie zusammen und setzt einen JUJI GATAME an.

Häufiger werden YOKO OTOSHI und ähnliche Techniken als Schleuderwürfe gemacht. Dein Partner versucht, dich dabei über sein Bein zu schleudern. Hier eine einfache Verteidigungsmöglichkeit:

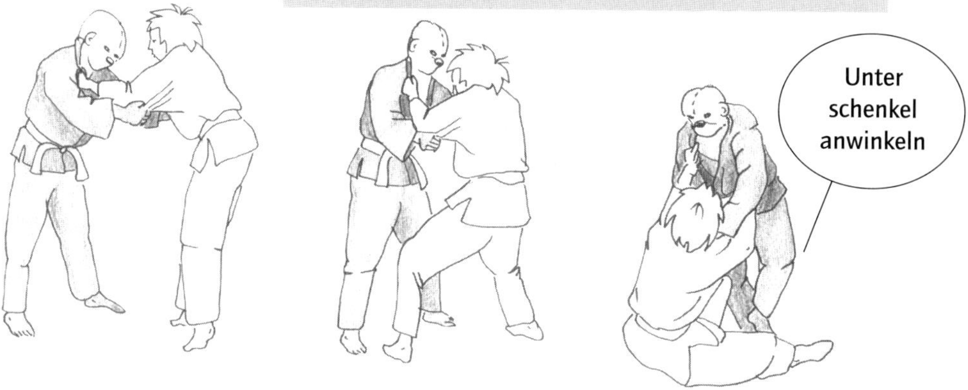

ZUM MITLESEN:

Dein Partner setzt einen YOKO OTOSHI an. Er setzt sein Bein wie eine Stolperfalle in deine Bewegungsrichtung. Du ziehst deinen Unterschenkel an und schwingst dein Bein über das seinige. Dabei drückst du mit beiden Händen auf seine Brust, während du mit dem zweiten Fuß auch über sein Bein hinwegspringst, als wenn du auf allen vieren läufst. Nun befindest du dich seitlich von ihm, fasst mit der einen Hand unter seinen Kopf und setzt einen YOKO SHIHO GATAME an. Meist ist hierbei zunächst das Kopfbein leicht angewinkelt. Versucht dein Partner, sich zu befreien, nimmst du dein Knie an seine Hüfte, um diese zu blockieren.

Schleudert er dich wild umher,
tanz um ihn rum, das ist nicht schwer!

Umlaufen von YOKO OTOSHI zum YOKO SHIHO GATAME

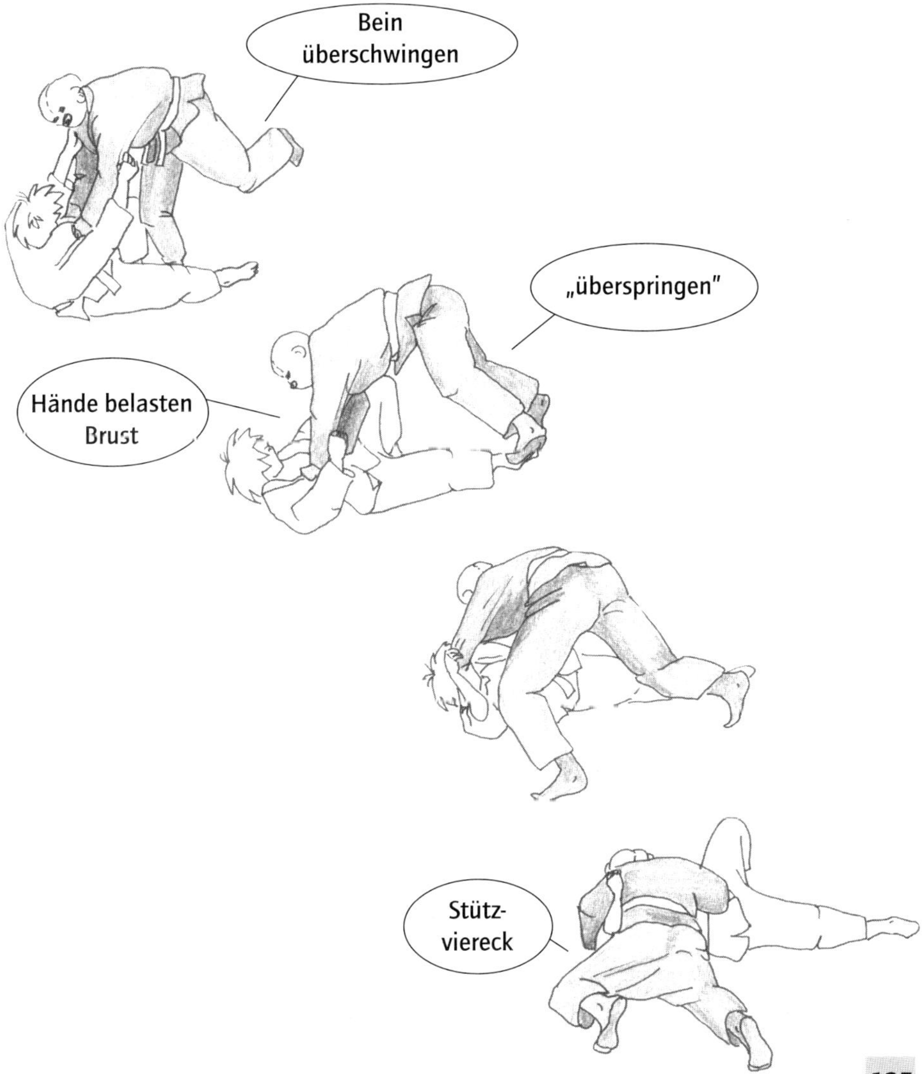

ZUM MITLESEN:

Dein Partner setzt einen YOKO SUMI GAESHI an. Noch ehe er den Spann in deinen Oberschenkel setzen kann, fängst du sein Bein mit deinem Arm ab, sodass er quer vor dir zu liegen kommt. Du nimmst die Hand unter seinen Kopf und baust ein Stützviereck zum YOKO SHIHO GATAME auf.

Blocken von YOKO SUMI GAESHI zum YOKO SHIHO GATAME

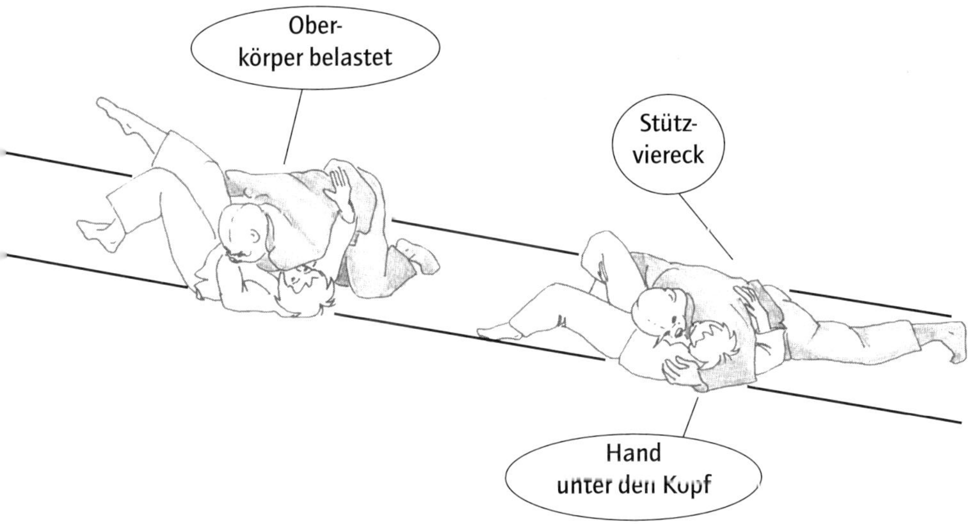

Eh er ansetzt, fang sein Bein,
zieh ihn quer, denn das muss sein.

Bodentechniken

Aufgabe 1
Welche SUTEMI WAZA kennst du bereits? Überlege dir dazu Anschlusstechniken im Boden!

SUTEMI WAZA	Anschlusstechnik
______________________	______________________
______________________	______________________
______________________	______________________
______________________	______________________
______________________	______________________
______________________	______________________

Aufgabe 2
Welche Stand-Boden-Übergänge nach gelungenem oder misslungenem YOKO TOMOE NAGE kennst du?

____

____

____

Aufgabe 3
Schau dir noch einmal die Techniken YOKO GURUMA und YOKO OTOSHI (in Band 1) an, die du gerade für das Standprogramm lernst. Welche Elemente dieser Würfe stecken im LAATS-Abtaucher?

____

____

ÜBUNGEN (Stand-Boden-Übergänge)

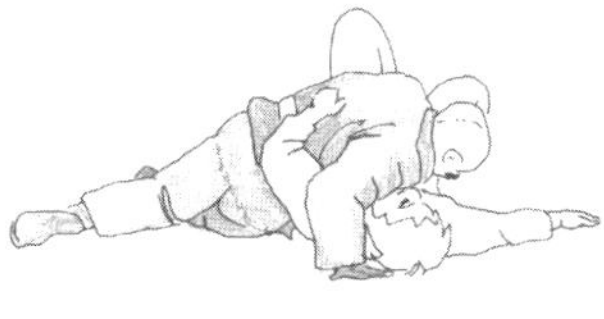

Aufgabe 4
Schau dir das Bild an: Wieso ist es ratsam, beim TE GURUMA als Stand-Boden-Übergang zunächst im Stütz über dem Partner zu landen?

____

____

Aufgabe 5
Aufgrund welcher Vorteile wird die Technik JUJI GATAME so häufig genutzt?

____

____

____

Aufgabe 6
Was hat die Bewegung zum Umlaufen von YOKO OTOSHI gemeinsam mit dem Aussteigen aus TOMOE NAGE?

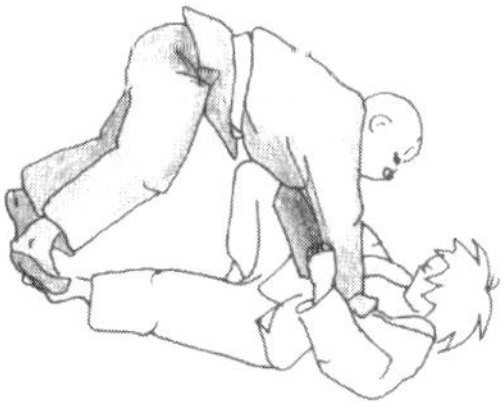

____

____

____

____

Bodentechniken

Im Folgenden werden wir uns genauer mit einer Technik beschäftigen, die im Wettkampf sehr erfolgreich genutzt wird. Entwickelt wurde sie an der WASEDA-Universität in Japan. Sie beruht im Wesentlichen darauf, dass deine Beine ein Dreieck (SANKAKU) um Kopf und Arm des Partners schließen. Wie du dahinkommst und welche Möglichkeiten sich daraus ergeben können, zeigen dir die folgenden Seiten:

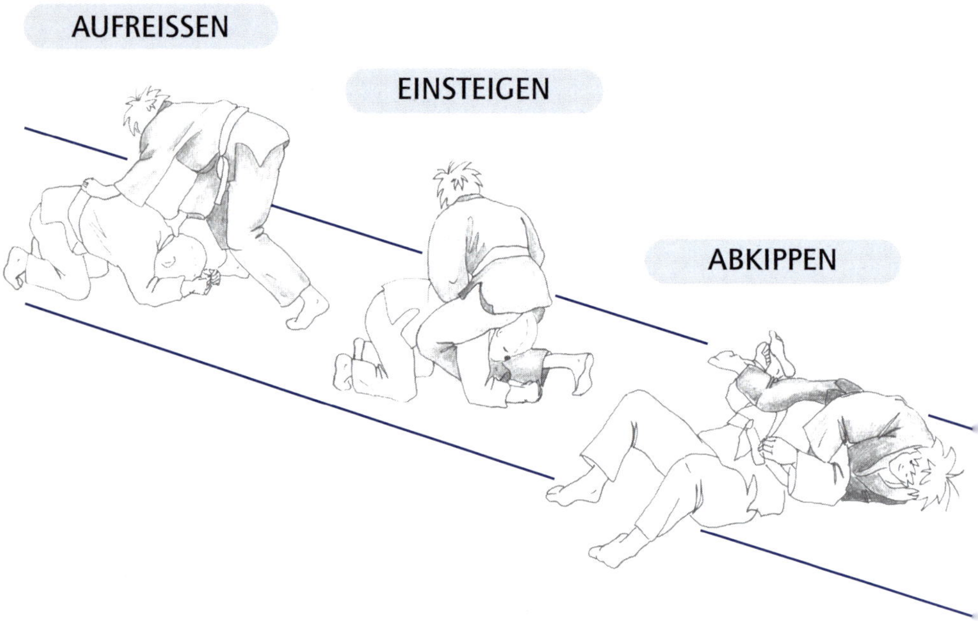

Aufgerissen, eingestiegen, kipp ab, er muss im Dreieck liegen,
wickle ihm den Arm noch fein in seine Judojacke ein,
Beinwechsel und nun hast du schon
die gewünschte Kontrollposition!

SANKAKU

ZUM MITLESEN:

Der SANKAKU ist eine sehr komplexe Bewegung. Deher werden wir sie auf den folgenden Seiten in Einzelphasen untergliedern. Auf dieser ersten Seite bekommst du einen Überblick über die einzelnen Stationen, über die du zur Kontrollposition SANKAKU gelangst.

Von dort aus ergeben sich dann verschiedene Möglichkeiten, zu einer IPPON-Technik zu gelangen. Ein weiterer Überblick über den Handlungskomplex SANKAKU steht dir in Band 1 über die Bodentechniken (Judo – Das Bodenprogramm von weißgelb bis orange) zur Verfügung.

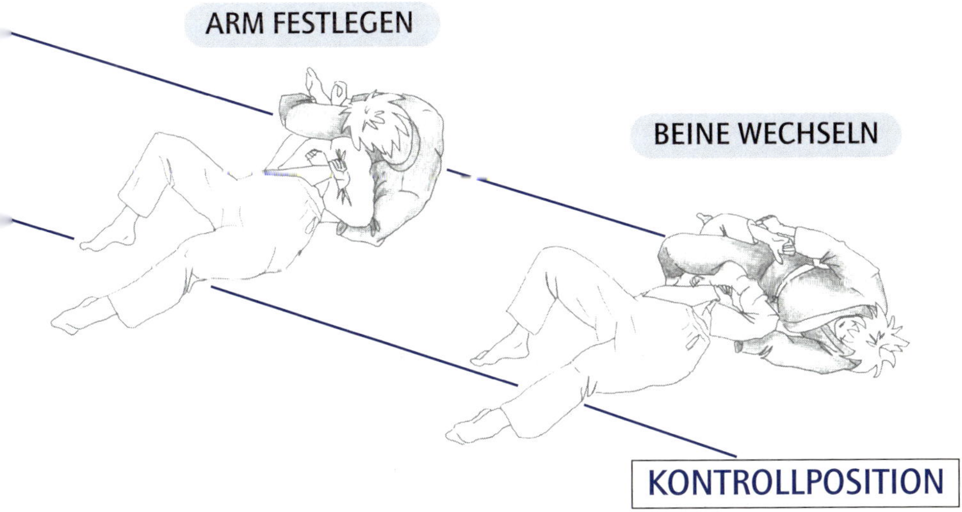

Bodentechniken

Das Einsteigen in den SANKAKU ist oft nicht so einfach, wie hier dargestellt. Wettkampferfahrene Partner versuchen, die Bank „dicht" zu machen, sodass du oft mehrfach aufreißen musst.

SANKAKU
Einsteigen und Abkippen über das Hakbein

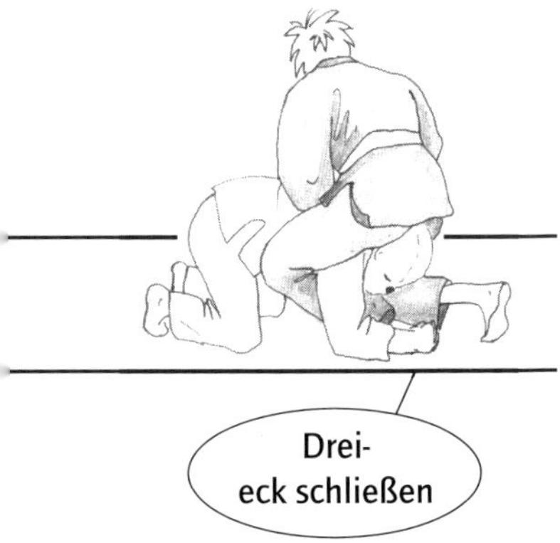

ZUM MITLESEN:

Dein Partner ist in der Bankposition. Du greifst vom Kopf her an, eine Hand im Gürtel, die andere Hand im Nackenrevers. Du reißt ihn energisch nach schräg vorne auf, um mit deinem hinteren Bein zwischen seinem Arm und Körper einzusteigen. Dein anderes Bein rutscht neben seinem Kopf dicht an der Schulter entlang mit dem Knie auf den Boden. Der Haken des ersten Beins und das Knie des zweiten Beins sollen sich jetzt berühren und Arm und Kopf des Partners umschließen. Später kannst du diese Bewegung im Wechselsprung ausführen. Mit der zweiten Hand fasst du unter seinem Arm durch auf seinen Gürtel in seinem Rücken. Du legst dich nach schräg hinten und kippst ihn mit Hilfe deines Arms (drücken!) auf die Seite, deine Beine schließen derweil das Dreieck eng: Riegelbein verriegelt Hakbein.

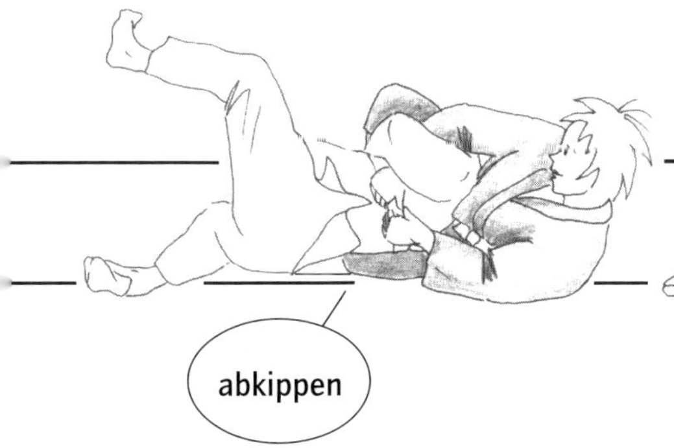

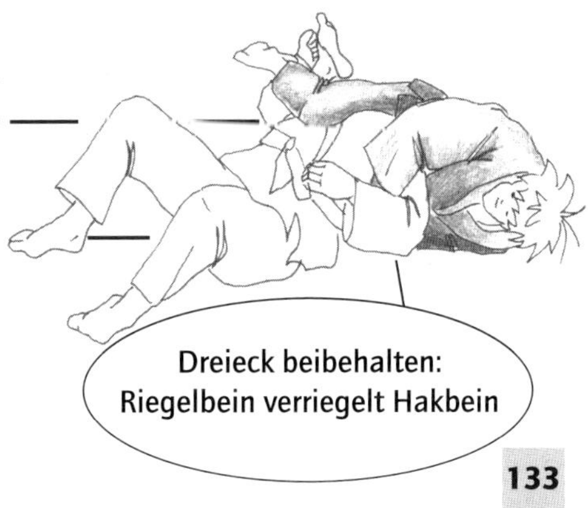

Bodentechniken

Als nächsten Schritt nach dem Abkippen musst du dem Partner den Arm festlegen. Dieses Festlegen kannst du natürlich auch in anderen Situationen verwenden!

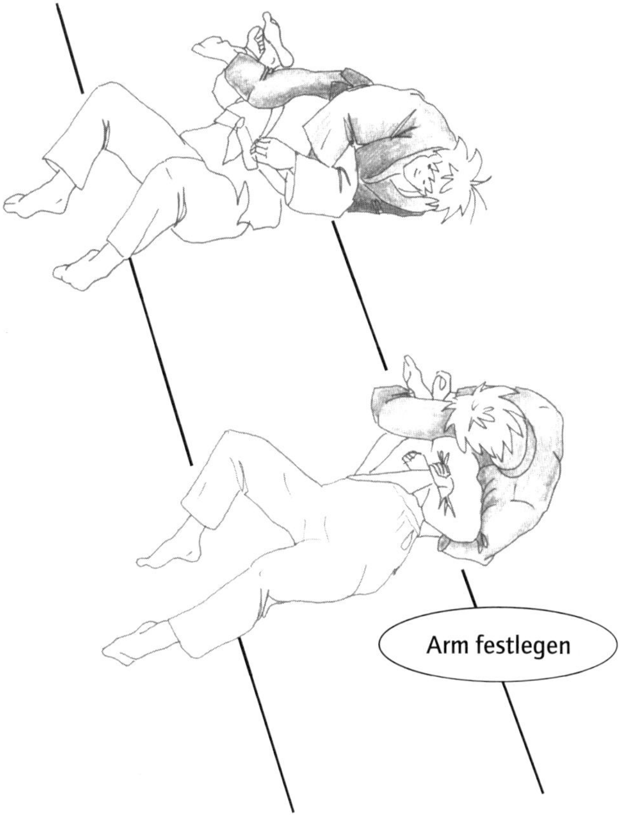

ZUM MITLESEN:

Mit der Hand fasst du nun unter dem Oberarm des Partners durch. ACHTUNG: UKEs Hand muss auf seinem Bauch liegen. Ist das nicht der Fall, schiebst du sie mit deiner zweiten Hand dorthin! Anschließend greifst du dir einen Jackenzipfel des Partners. Den Jackenzipfel übergibst du an deine Hand Nummer eins, die unter dem Oberarm des Partners herausschaut.

SANKAKU
Arm festlegen

Hand von unten unter dem Arm durchschieben

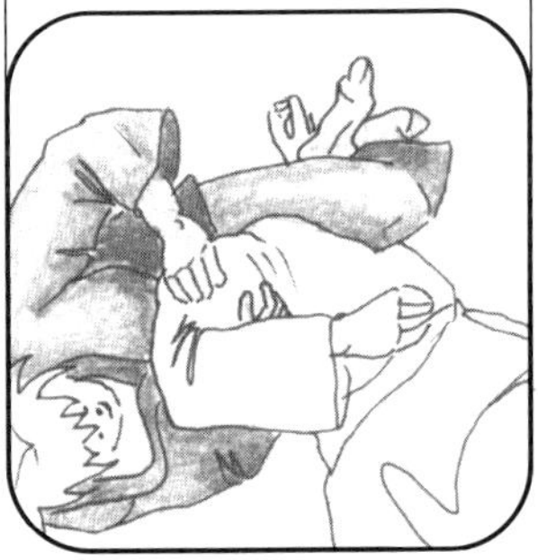

UKEs Arm auf seinen Bauch legen

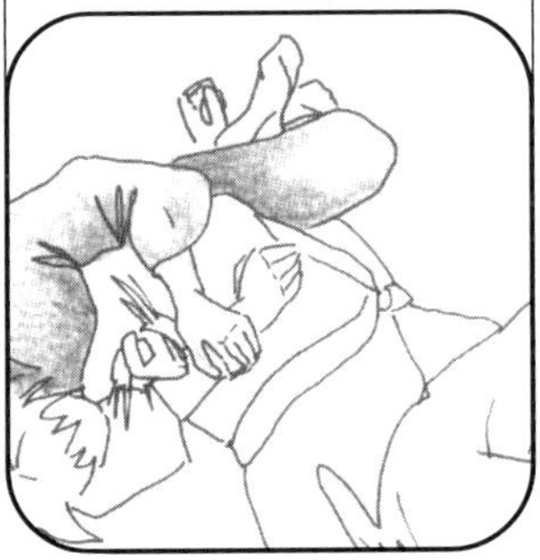

Jacke greifen

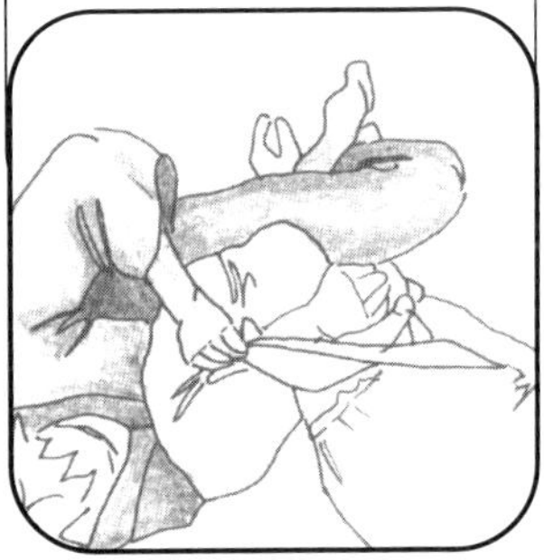

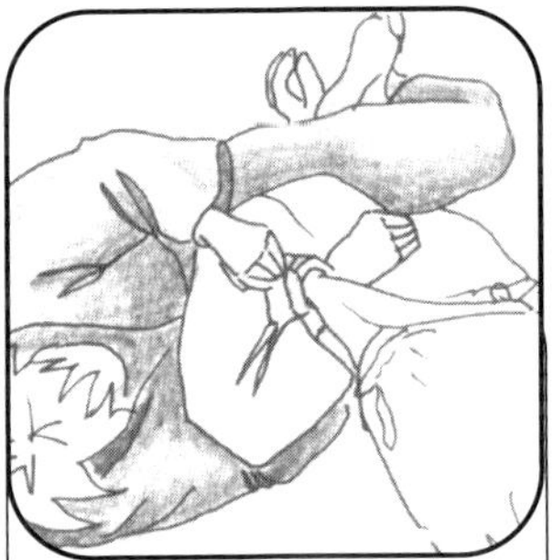

Jacke übergeben

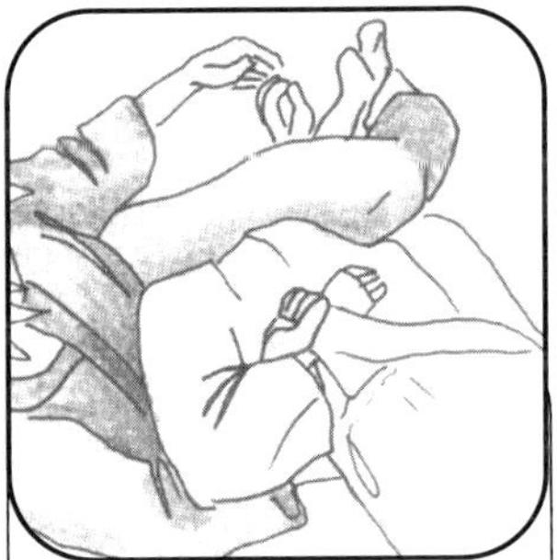

eng anziehen

Damit hast du den Unterarm des Partners auf seinem Körper „eingewickelt" und festgelegt. Deine Hand zieht an, Oberarm und Körper verhindern zusätzlich ein Herausrutschen des festgelegten Arms.

TIPP: Die Jacke des Partners muss zum Armfestlegen durch den Gürtel gehalten sein! Hängt sie lose herum, nimm stattdessen lieber den Gürtel des Partners.

Nachdem der Arm des Partners festgelegt ist, gilt es nun, das Dreieck um Kopf und Arm des Partners enger zu schließen.

ZUM MITLESEN:

Du richtest dich mit dem Oberkörper seitlich auf und greifst mit der freien Hand über den Kopf des Partners zu seinem nicht festgelegten Arm. Diesen ziehst du kräftig zu dir heran. Dabei öffnest du deine Beine, um den Partner enger an dich heranziehen zu können.

Nun legst du das obere Bein eng über seine Brust mit dem Fuß in die Kniekehle des unteren Beins. Das untere Bein winkelst du nun um deinen Fuß herum eng an (neu verriegeln). Damit hast du die Kontrollposition erreicht. Es gilt nun, eine wertungsbringende Technik anzuschließen.

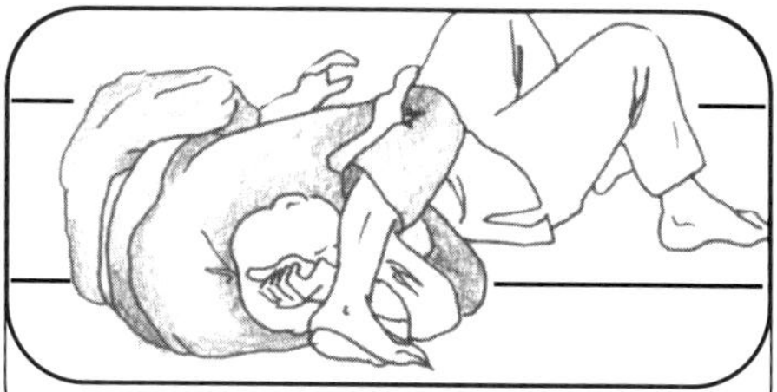

Arm ist festgelegt

seitlich aufrichten

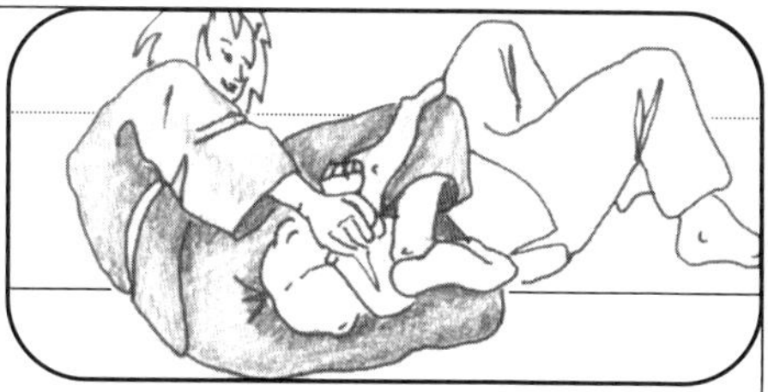

Arm schnappen

Arm heranziehen

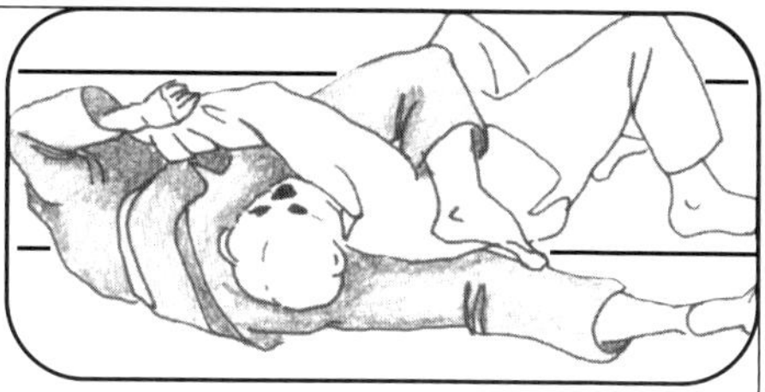

Beine öffnen

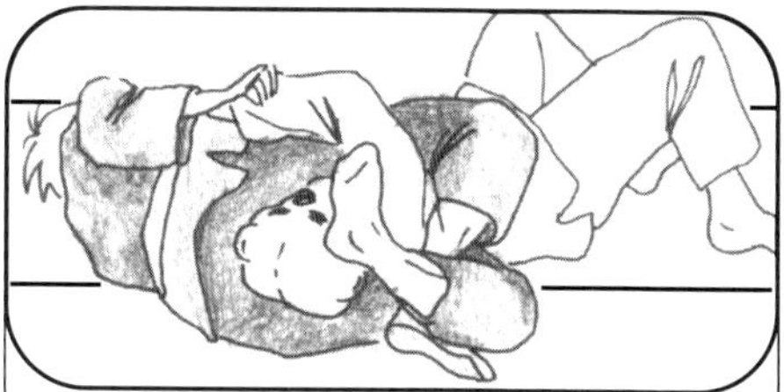

Beine neu verriegeln

SAKAKU
Beine wechseln

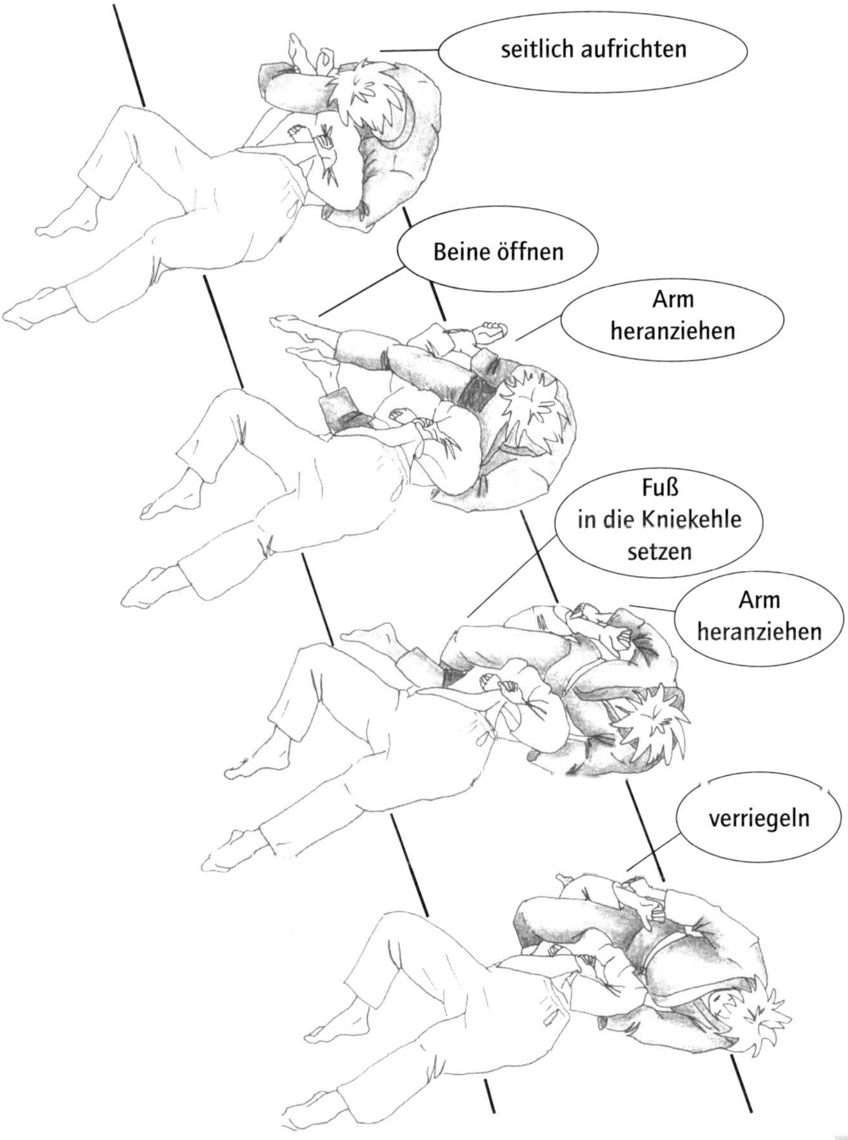

Aufgabe 1

Du hast in den vorherigen Gürtelstufen schon zwei Techniken kennen gelernt, bei denen die Beine ein Dreieck um Kopf und Arm des Partners schließen. Welche? Aus welcher Position heraus hast du diese Techniken eingesetzt? Zu welchen Abschlusstechniken haben sie geführt?

____

____

____

Aufgabe 2

Wie kannst du zu der im Bild gezeigten Ausgangsposition für einen SANKAKU kommen?

____

____

____

Aufgabe 3

Überlege dir einmal Haltegriffe, bei denen du das Armfestlegen wie beim SANKAKU nutzen kannst!

____

____

____

ÜBUNGEN (Wege zum SANKAKU)

Aufgabe 4

Schau dir die drei Bilder an und beschreibe, was du siehst. Wieso ist es notwendig, die Beine beim SANKAKU nach Festlegen des Arms zu wechseln und erneut zu verriegeln?

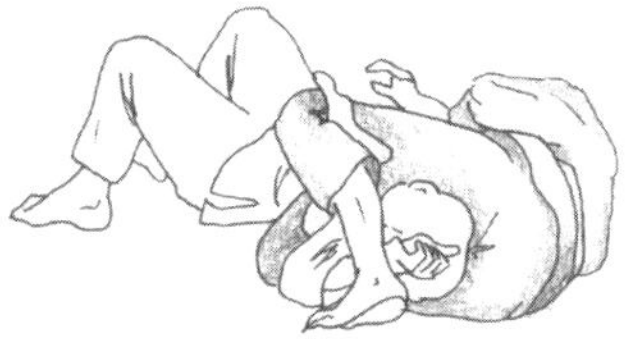

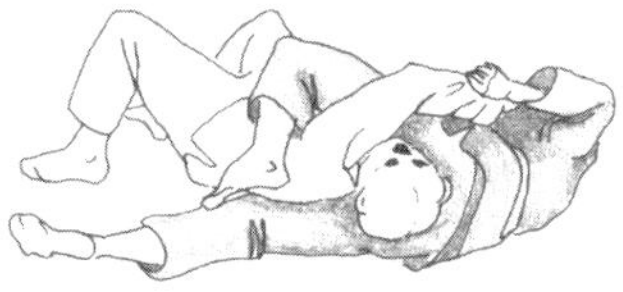

Bodentechniken

Von der Kontrollposition aus kann man zu verschiedenen Wertungstechniken kommen, hier zum Haltegriff.

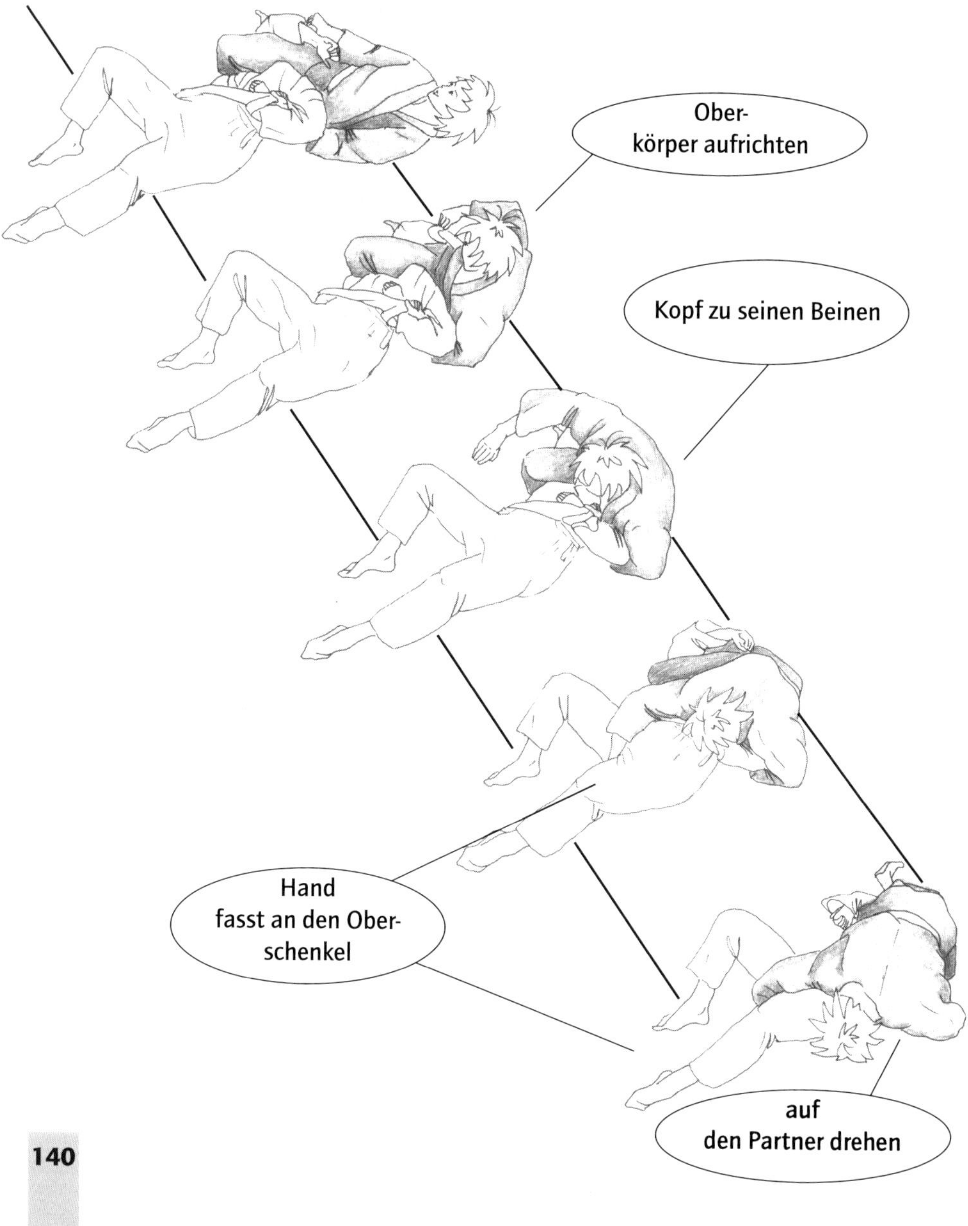

KAMI SANKAKU GATAME
zum Haltegriff

ZUM MITLESEN:

Du befindest dich jetzt in der Kontrollposition SANKAKU. Du drehst dich mit dem Oberkörper auf den Partner (Beine dabei geschlossen halten!) und greifst mit deiner freien Hand von innen um den Oberschenkel des Partners.

Nun ziehst du dich ganz auf den Partner zum Haltegriff und kippst dabei seinen Kopf mit den Beinen an. Die Hand um seinen Oberschenkel verhindert ein Aufbrücken des Partners, noch günstiger ist es dafür, wenn du um sein Fußgelenk fassen kannst, um seinen Fuß heranzuziehen.

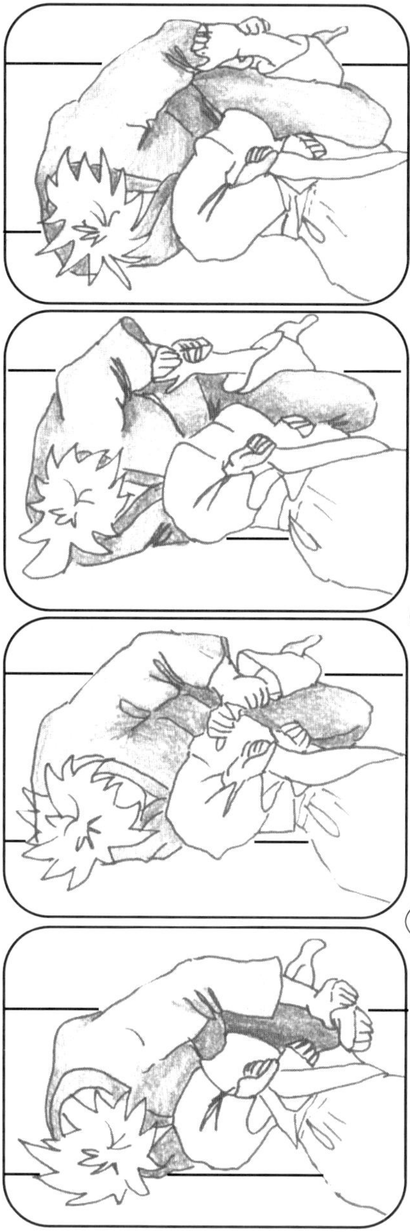

Arm
schnappen ...

...
und in Richtung ...

... Gürtelknoten drücken

SANKAKU GARAMI
zum Hebel

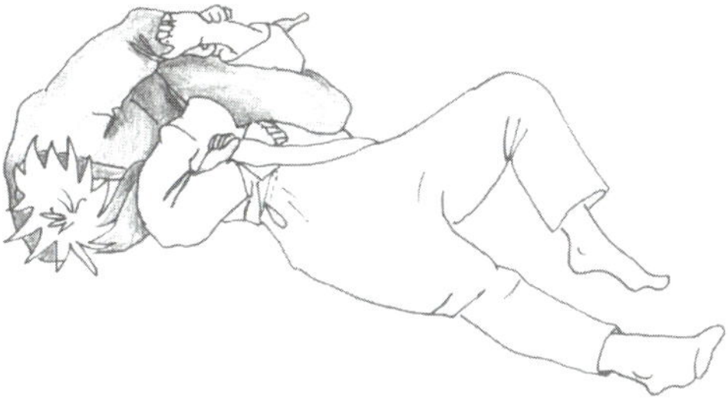

Als zweite Möglichkeit für eine Wertungstechnik bietet sich ein Beugehebel aus der Kontrollposition SANKAKU an.

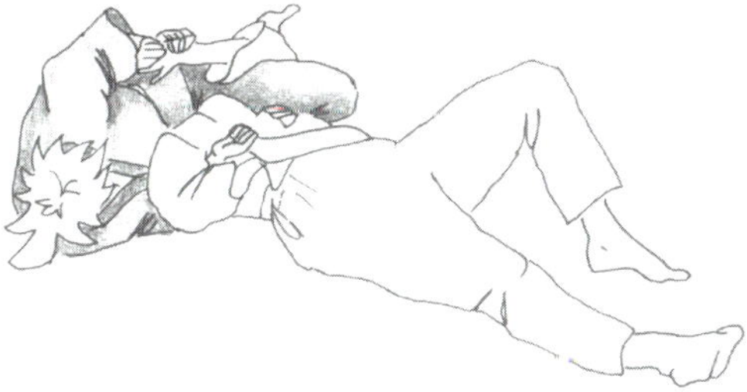

ZUM MITLESEN:

Wenn der Partner mit seinem Arm nicht in deine Hose gefasst hat, kannst du sein Handgelenk greifen und vom Kopf weg in Richtung seines Gürtelknotens drücken. Die Hebelwirkung kannst du durch Anziehen deines oberen Beins verstärken, da du so seinen Oberarm und seine Schulter fixierst.

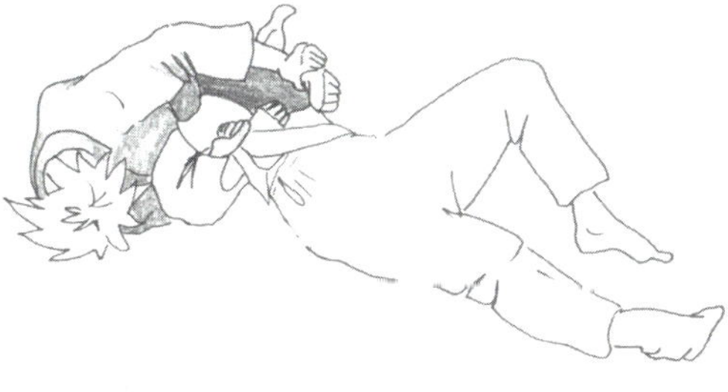

VORSICHT! Die Hebelwirkung wirst du in der Schulter spüren, obwohl regelgerecht nur das Ellbogengelenk angegriffen wird.

Bodentechniken

Die dritte Möglichkeit für eine Wertungstechnik ist der Würger aus der Kontrollposition SANKAKU.

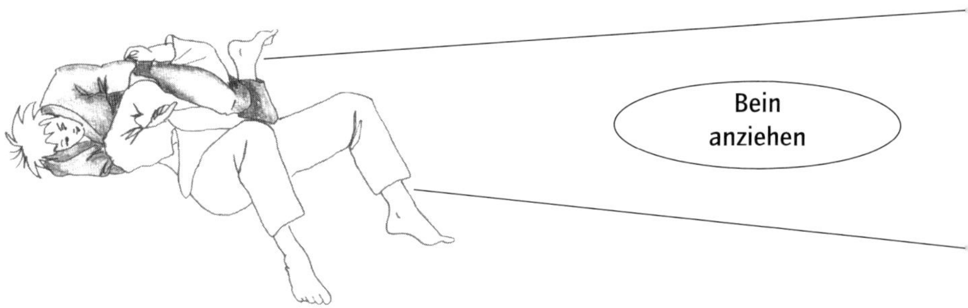

ZUM MITLESEN:

Die Vorbereitung für diese Technik ist mit dem Erarbeiten der Kontrollposition durch das Erreichen eines engen SANKAKU-Dreiecks erfolgt. Der Würger wird nun durch Anziehen und Zusammendrücken der Beine erreicht, das Knie drückt dabei auf die Brust des Partners und dein Oberschenkel liegt quer an seinem Hals. Falls dies nicht reichen sollte, kannst du mit der freien Hand noch das gegenüberliegende Revers des Partners anziehen.

SANKAKU JIME
zum Würger

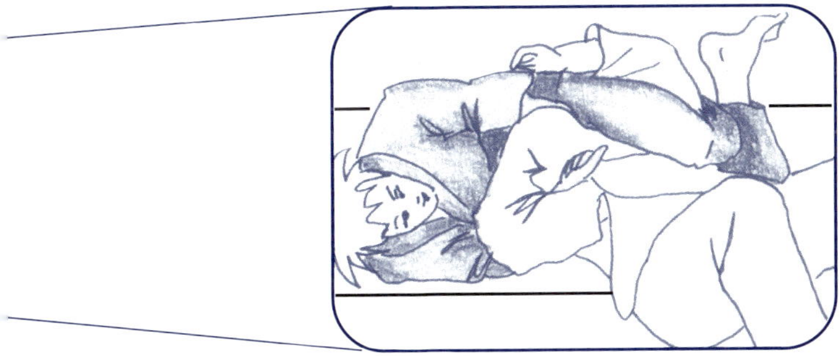

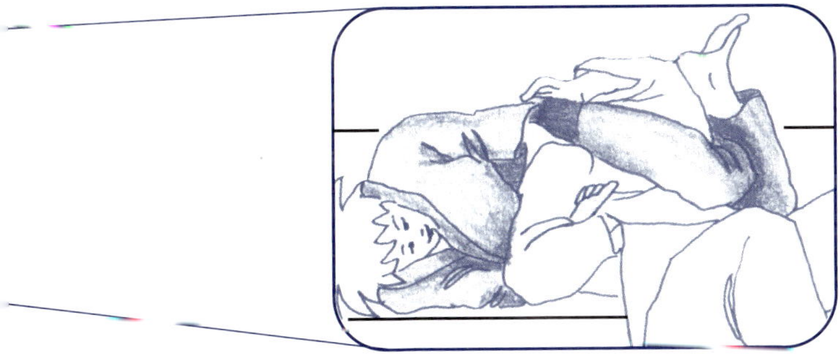

Eine vierte Möglichkeit, zu einer Wertungstechnik zu gelangen, ergibt sich aus der SANKAKU-Kontrollposition, wenn der Partner in Verteidigung aufbrückt, um dich nicht zum Haltegriff gelangen zu lassen.

ZUM MITLESEN:

Du befindest dich in der Kontrollposition. Dein Partner brückt auf, um zu verhindern, dass du dich zum KAMI SANKAKU GATAME auf ihn drehen kannst. Du schwingst nun dein oben liegendes Bein unter seinen Rücken und drehst dabei den Bauch zur Matte. Nun ziehst du seinen festgelegten Arm stark an und rutschst mit Oberschenkel und Po zum Belasten dicht an den Partner heran. So hast du ein Stützviereck aufgebaut und hältst einen MUNE GYAKU.

SANKAKU zum MORTENSEN (MUNE GYAKU)

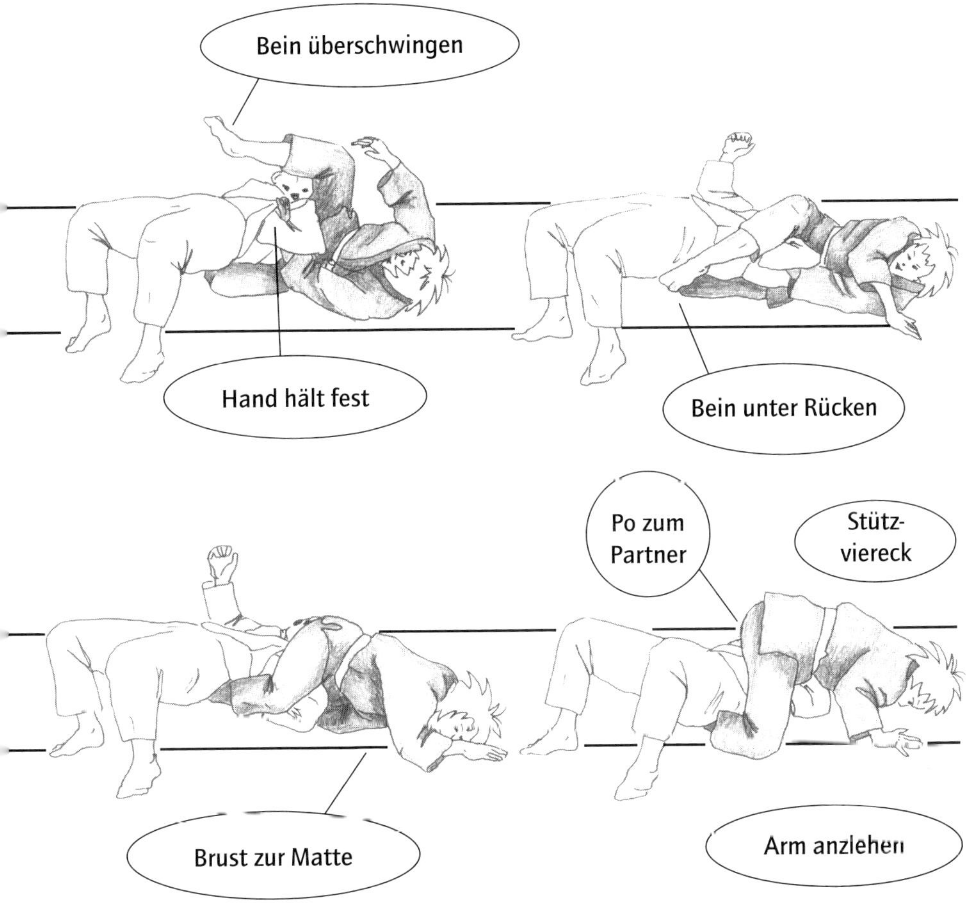

Aufgabe 1
Schau dir das Bild genau an: Wann kannst du SANKAKU GARAMI ansetzen? Was meinst du, wie kann dein Partner dies verhindern?

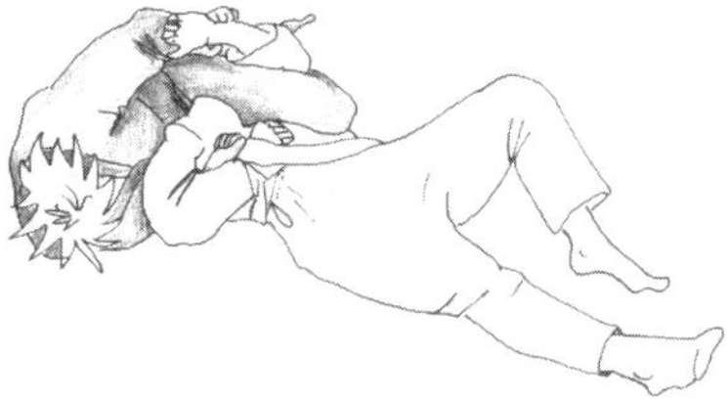

Aufgabe 2
Betrachte das Bild: Wann gehst du zum MUNE GYAKU (MORTENSEN)?

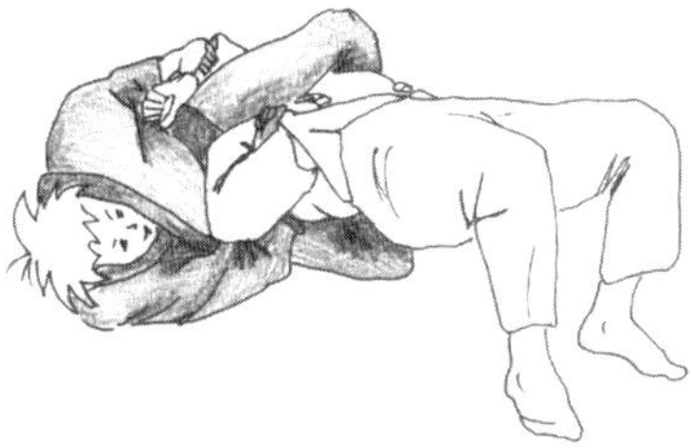

Aufgabe 3
Worauf musst du beim Umsteigen zum KAMI SANKAKU GATAME achten?

ÜBUNGEN (Wertungstechniken aus SANKAKU)

Aufgabe 4

Wie kannst du einen KAMI SANKAKU GATAME verhindern, wenn der Partner dich in der Kontrollposition hat?

____

____

____

Aufgabe 5

Wie kannst du die Wirkung bei SANKAKU JIME verstärken?

____

____

____

Aufgabe 6

Mein kleines Wörterbuch:
Was bedeuten die folgenden japanischen Begriffe auf Deutsch?

SANKAKU = ______________________

MUNE = ______________________

GYAKU = ______________________

KAMI = ______________________

GARAMI = ______________________

Bodentechniken

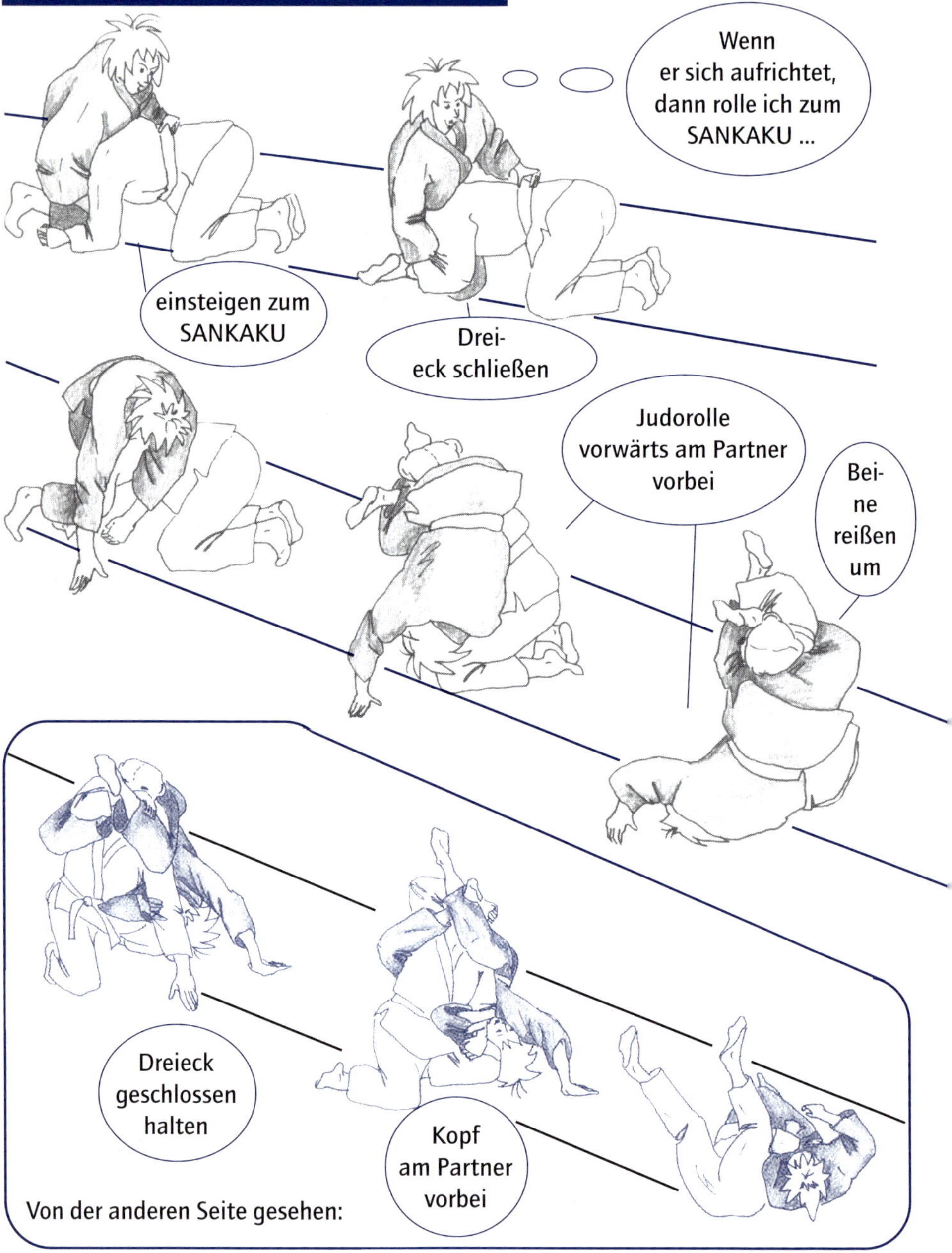

SANKAKU
Rollen vorwärts

Wenn es dir gelungen ist, zum SANKAKU einzusteigen, erwartet dich möglicherweise die nächste Schwierigkeit: Kaum ein Partner wird sich freiwillig abkippen lassen, wenn er ahnt, in welche Richtung du willst. Daher musst du in der Lage sein, den Partner in verschiedene Richtungen abzukippen. Hier die Rolle vorwärts als Möglichkeit:

ZUM MITLESEN:

Es ist dir gelungen, zum SANKAKU einzusteigen und das Dreieck zu schließen (Fuß in die Kniekehle). Um ein Abkippen zu verhindern, versucht der Partner jetzt, sich mit seinem Oberkörper aufzurichten. Du nutzt diese Bewegung, indem du eine Judorolle vorwärts am Partner vorbei ausführst. Du landest in der gleichen Position wie nach dem Abkippen und kannst nun den Arm des Partners festlegen und den Beinwechsel zu Kontrollposition vornehmen.

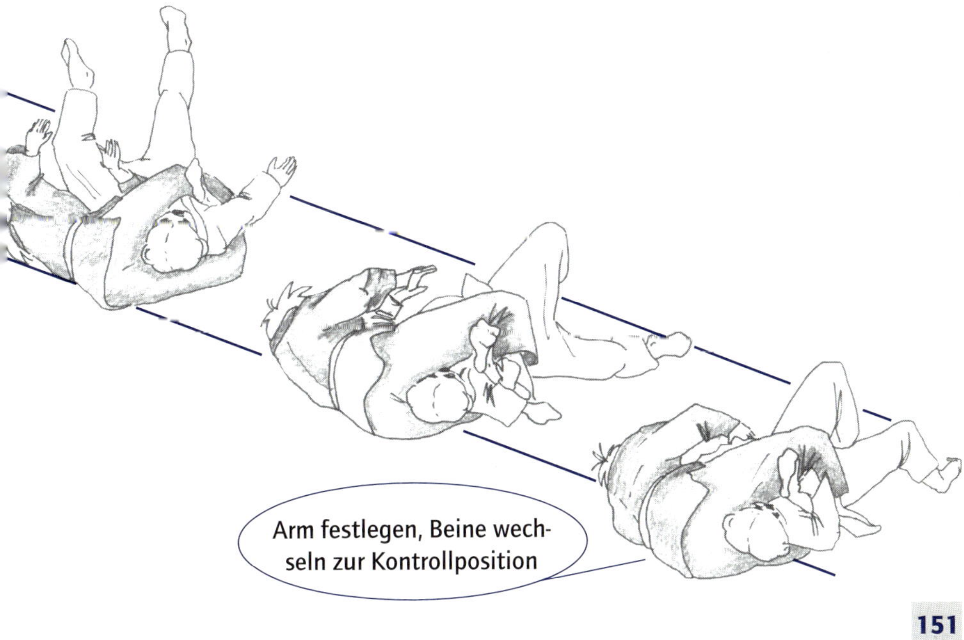

Bodentechniken

Du bist in den SANKAKU eingestiegen und möchtest ihn, wie üblich, über das Hakbein abkippen. Der Partner stemmt sich dagegen, also gehst du zur anderen Seite.

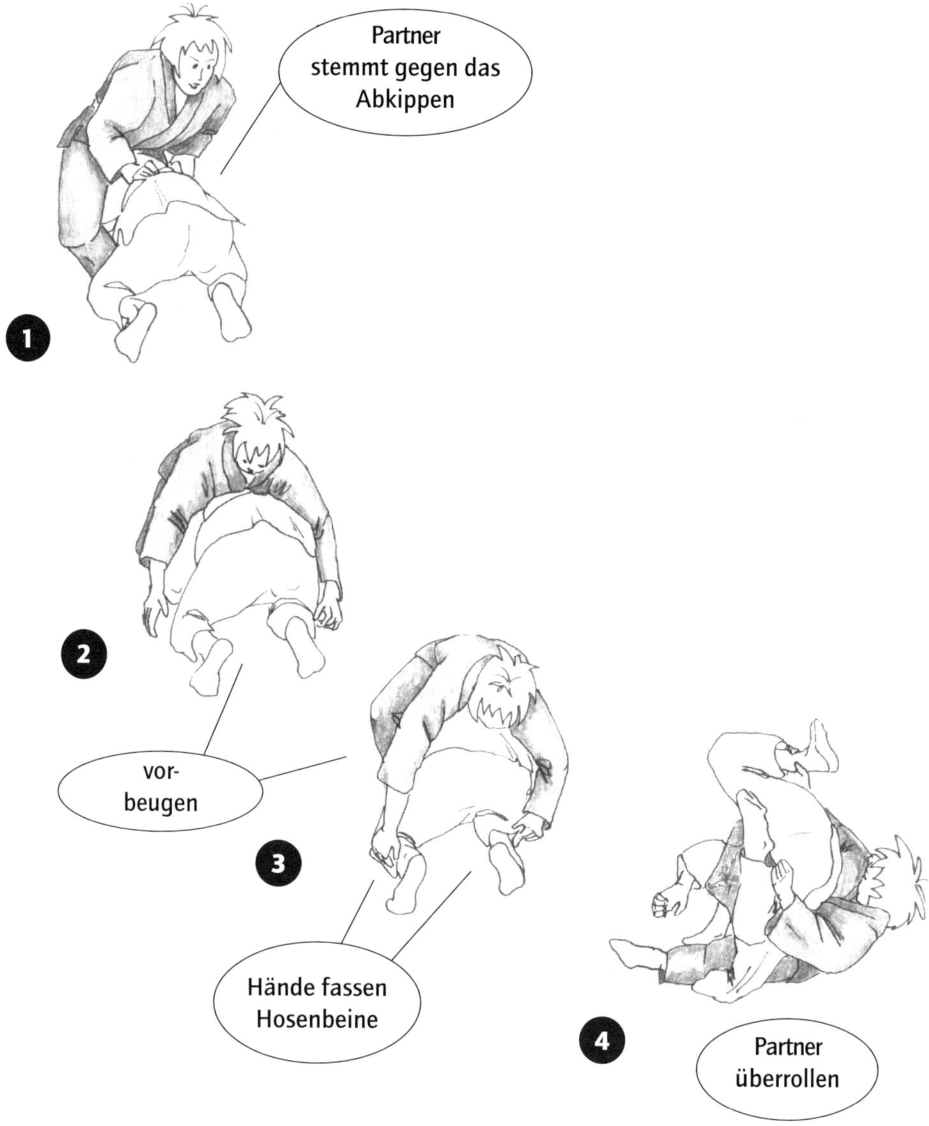

SANKAKU
Abkippen über das Riegelbein

ZUM MITLESEN:

Dein Partner stemmt sich gegen das Abkippen über das Hakbein. Du beugst dich über ihn und greifst mit beiden Händen in seine Hosenbeine oder um seine Fußgelenke. Du gibst seinem Stemmen nach und rollst ihn bei geschlossenem Dreieck weiter seitlich über dich, bis er neben dir landet. Deine Arme helfen dir, ihn aktiv über dich zu schieben. Du landest in der gleichen Position wie nach dem normalen Abkippen und kannst dich nun zur Kontrollposition weiterarbeiten (Arm festlegen, Beine wechseln).

Bodentechniken

Aufgabe 1

Du hast aufgerissen und bist zum SANKAKU eingestiegen. Was machst du bei welcher Reaktion von UKE?

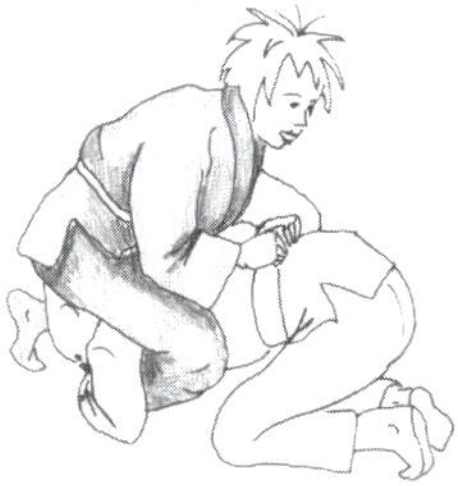

WENN UKE ...

DANN ...

WENN UKE ...

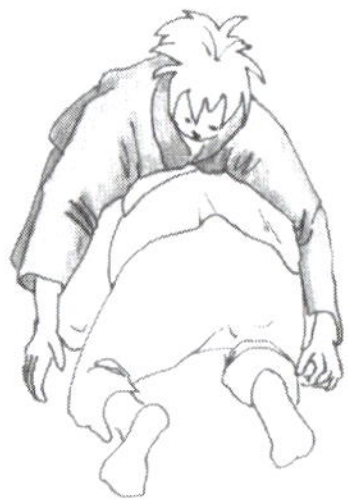

DANN ...

WENN UKE ...

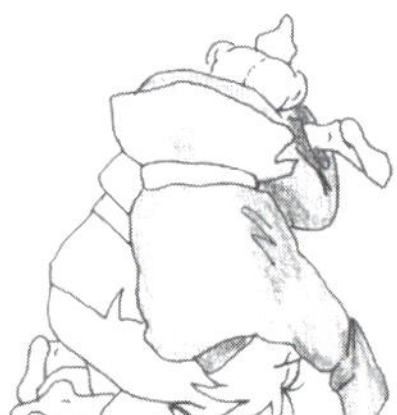

DANN ...

ÜBUNGEN
(Wege zum SANKAKU 2)

Aufgabe 2
Warum sollte das SANKAKU-Dreieck möglichst früh geschlossen werden – wenn es geht, gleich nach dem Einsteigen?

Aufgabe 3
Warum ist es wichtig, in verschiedenen Richtungen abkippen zu können?

Aufgabe 4
Überlege: Welche Möglichkeiten hat dein Partner, sich gegen SANKAKU zu verteidigen?

Bodentechniken

Das SANKAKU-Dreieck kannst du vielseitig nutzen. Hier zeigen wir dir, wie du es von hinten kommend einsetzen kannst.

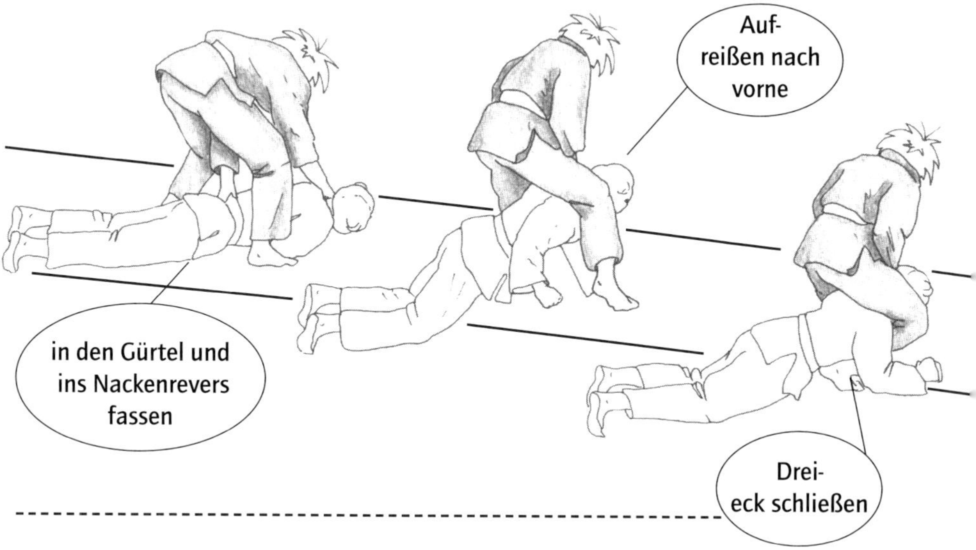

ZUM MITLESEN:

Du stehst über dem Partner und reißt ihn mit den Händen im Gürtel und im Nackenrevers auf. Du setzt dein Bein mit der Kniekehle direkt vor seine Schulter, ziehst ihn weiter vor und bringst deine Unterschenkel quer über seine Brust, bis du den SANKAKU schließen kannnst – Fuß in die Kniekehle des anderen Beins. Nun drehst du dich über dein Hakbein und schnappst dabei den eingeklemmten Arm des Partners. Der Fuß deines Riegelbeins gleitet unter den Partner. Du legst dich zurück und kannst nun gleichzeitig durch Zusammendrücken und Anziehen der Beine bzw. Überstrecken des Arms würgen und hebeln.

**SANKAKU brauchst du häufig auch, liegt der Partner auf dem Bauch.
Von hinten reiß nach vorne an, schließ fest das Dreieck um den Mann.
Nun noch übers Hakbein kippen, Arm strecken, Bein zusammendrücken!**

Umgedrehter SANKAKU zum Hebel und Würger (SANKKAKU JIME)

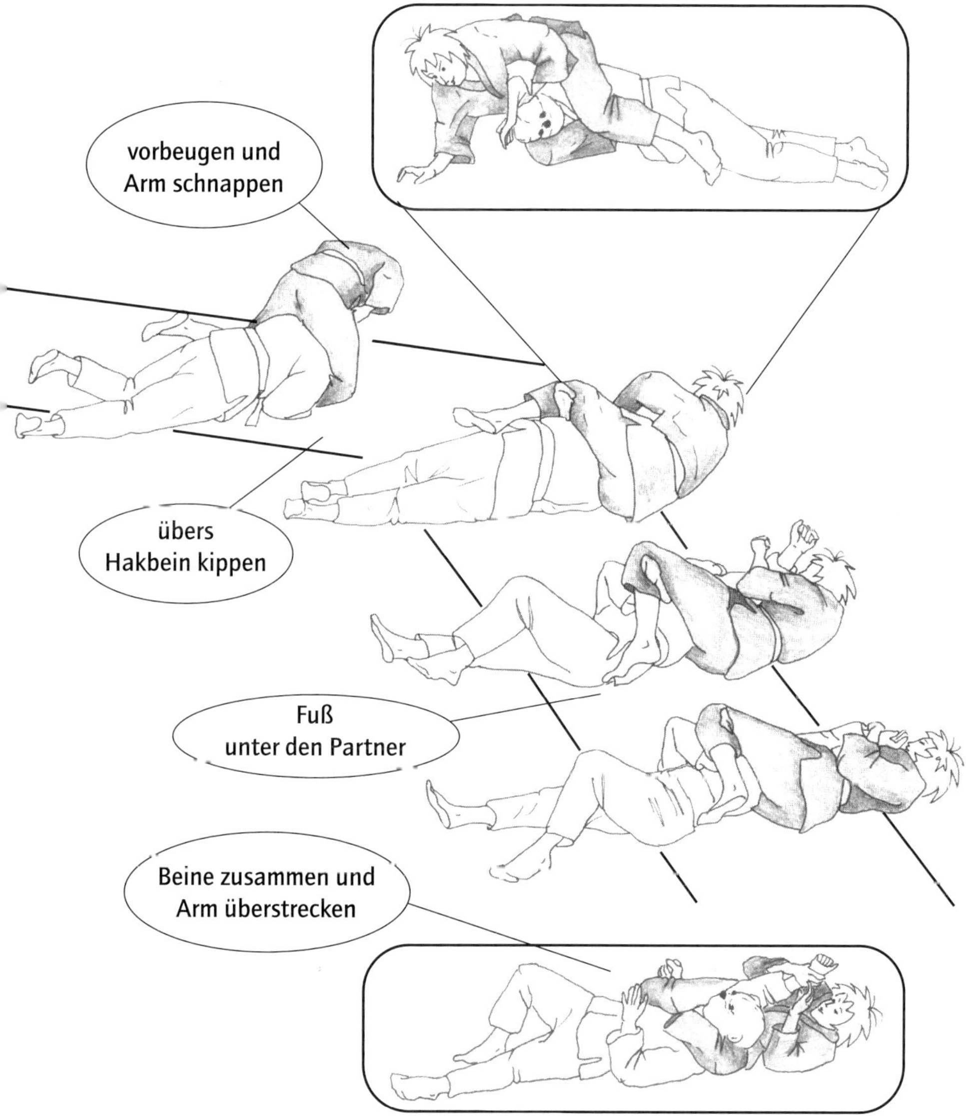

Bodentechniken

Diese Technik kannst du auch gut als Stand-Boden-Übergang nutzen, besonders, wenn du das Revers des Partners noch am Hals gefasst hast!

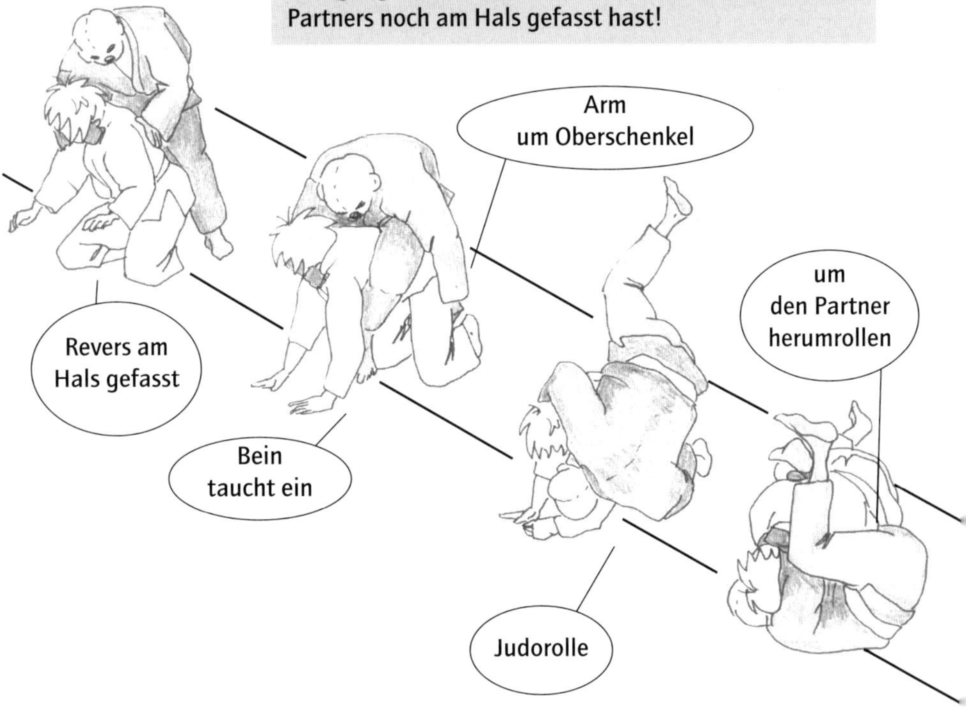

VARIANTE: Du kannst auch mit dem Kopf zwischen Arm und Bein eintauchen, deinem Fuß hinterher, ähnlich wie du es bereits bei der Tauchrolle zum Hebel kennen gelernt hast.

**Deine Hand hat sein Revers, um ihn zu rollen, ist nicht schwer,
Bein voraus, der Kopf folgt schnelle, zum Würgen anzieh'n auf der Stelle!**

TAUCHROLLE zum KATA TE JIME

ZUM MITLESEN:

Du hast den Wurfansatz des Partners geblockt, sein Revers aber noch gefasst. Schnell, ehe er die Bank dicht macht, steigst du mit dem vom Po her kommenden Bein seinem Gürtel folgend ein und fasst von außen um seinem Oberschenkel herum. Nun machst du eine Judorolle vorwärts und schiebst dabei dein Bein um den Körper des Partners herum.

Dadurch rollst du ihn über und er landet auf deinem Schoß. Du ziehst seinen Oberschenkel zu dir heran und würgst, indem du das Revers anziehst und die Schmalseite deines Handgelenks an seinen Hals drehst. Du kannst die Wirkung verstärken, imdem du dich nach hinten lehnst und ihn mit den Beinen belastest.

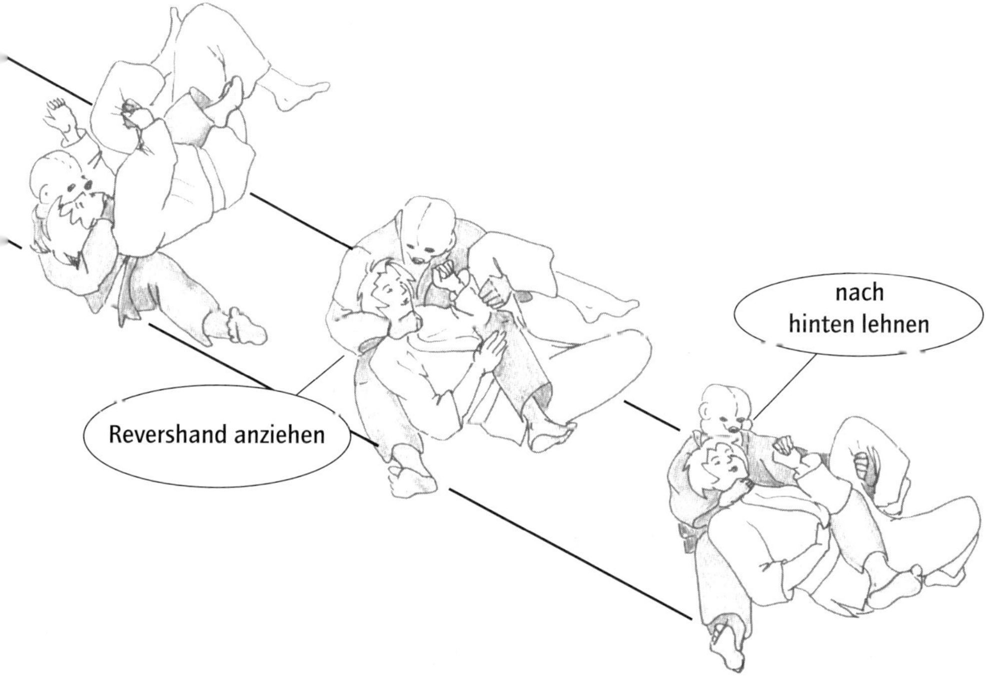

Eine andere Variante, zum KATA TE JIME zu kommen: Auch hier musst du das Revers des Partners noch gefasst haben – oder es dir erarbeiten.

ZUM MITLESEN:

Der Partner will die Verteidigungsposition in der Bankstellung einnehmen. Du hast sein Revers gefasst. Dein freier Arm kommt vor und auf der gleichen Seite blockiert dein Knie das Knie des Partners. Nun schwingst du um ihn herum, dabei zieht ihn deine Revershand zur seitlichen Rolle über dich. Deine freie Hand gleitet während des Rollens hinter seinen Kopf und beginnt, den Hals des Partners gegen sein Revers zu schieben. Die Revershand dreht mit der Schmalseite des Handgelenks an den Hals des Partners zum Würger. Die Beine können den Partner dabei fixieren.

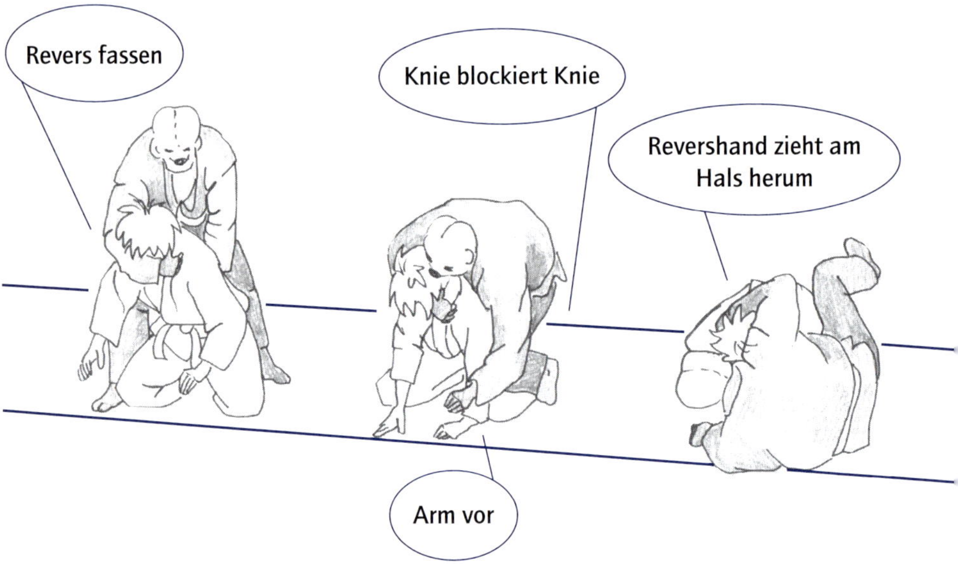

Revers gefasst, nun schwing geschwind
dich um den Partner wie der Wind,
das Handgelenk dreh an den Hals,
Hand hinterm Kopf würgt jedenfalls!

Seitliche Rolle zum KATA TE JIME

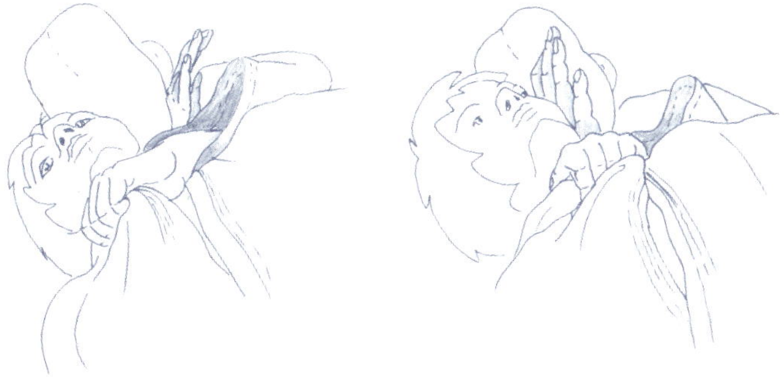

Handgelenk an den Hals drehen.
Handrücken drückt gegen

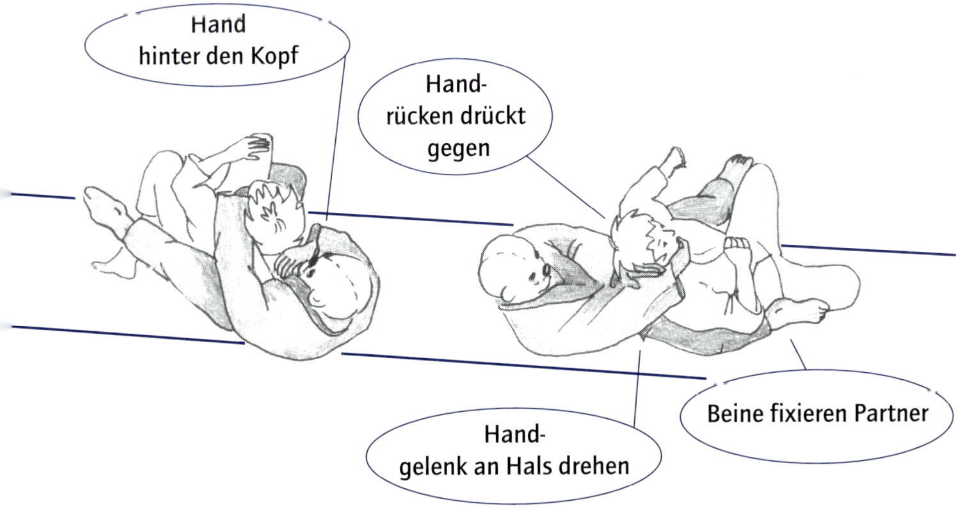

Aufgabe 1
In den Bildern ist dreimal der KATA TE JIME, jedoch in unterschiedlicher Form, dargestellt. Wieso werden alle drei Varianten unter KATA TE JIME zusammengefasst?

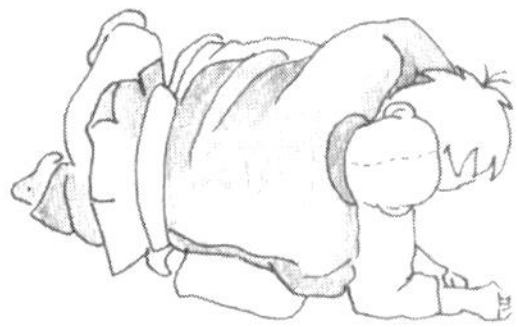

Welcher Körperteil würgt bei diesen drei Techniken und welcher Körperteil stellt den Gegenpol dar, damit du würgen kannst? Fülle zur Beantwortung der Frage die folgende Tabelle aus!

	gewürgt wird mit:	Gegenpol ist:
Rollen zum KATA TE JIME		
Tauchrolle zum KATA TE JIME		
Seitl. Rolle zum KATA TE JIME		

ÜBUNGEN (KATATE JIME)

Aufgabe 2
Benenne diese Techniken!

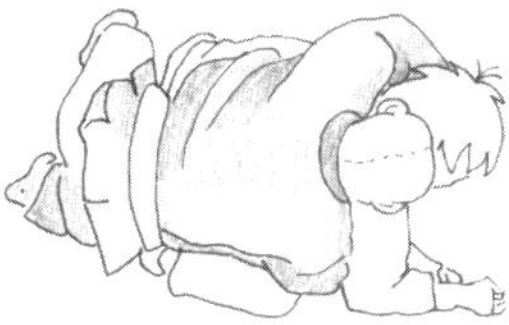

______________________ ______________________ ______________________

Worin unterscheiden sich diese Rollen zum KATA TE JIME?

____

____

____

____

____

Aufgabe 3
Die Tauchrolle hast du auch in einem anderen Zusammenhang schon kennen gelernt. Für welche Technik?

____

____

Bodentechniken

Wenn der Partner seinen Arm eng hält und mit seinem Ellbogen versucht, deine Hüfte zu blockieren, da er einen Russenhebel verhindern möchte, kannst du mit dieser Technik zum Erfolg kommen.

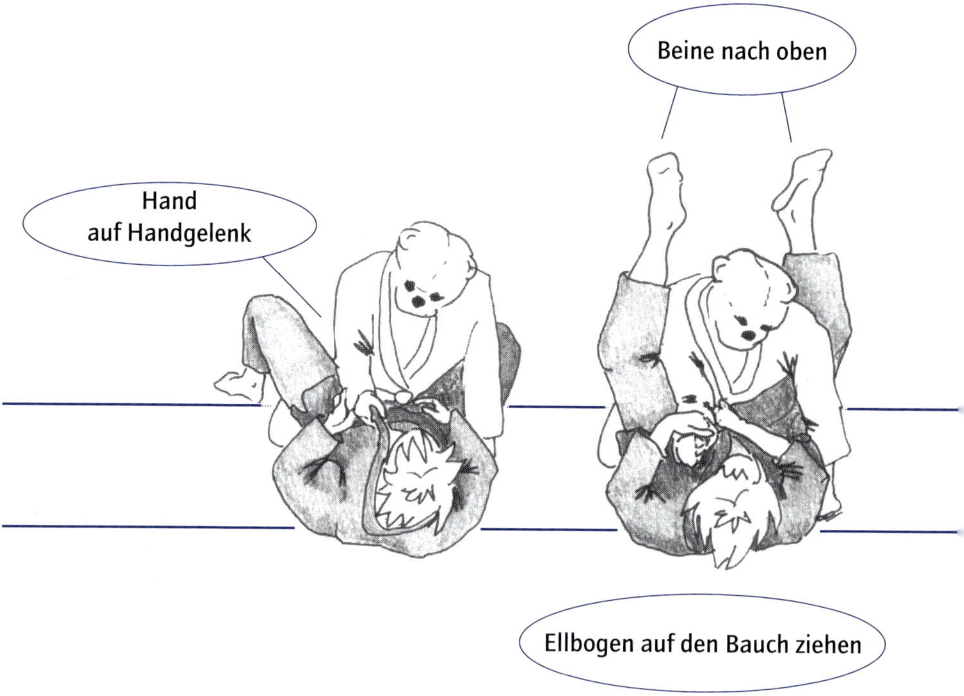

ZUM MITLESEN:

Du befindest dich in der Rückenlage, den Partner zwischen den Beinen. Der Partner hält seinen Arm eng. Du fasst von außen auf sein Handgelenk und deine andere Hand zieht den Ellbogen deselben Arms nach innen. Dabei schwingen deine Beine nach oben und klemmen den Kopf und den freien Arm des Partners ein.

Deine Hand drückt nun das Handgelenk des Partners nach schräg außen, während du deine Hüfte anhebst und damit den Ellbogen des Partners in die entgegengesetzte Richtung schiebst.

KOSHI GARAMI
aus der eigenen Rückenlage

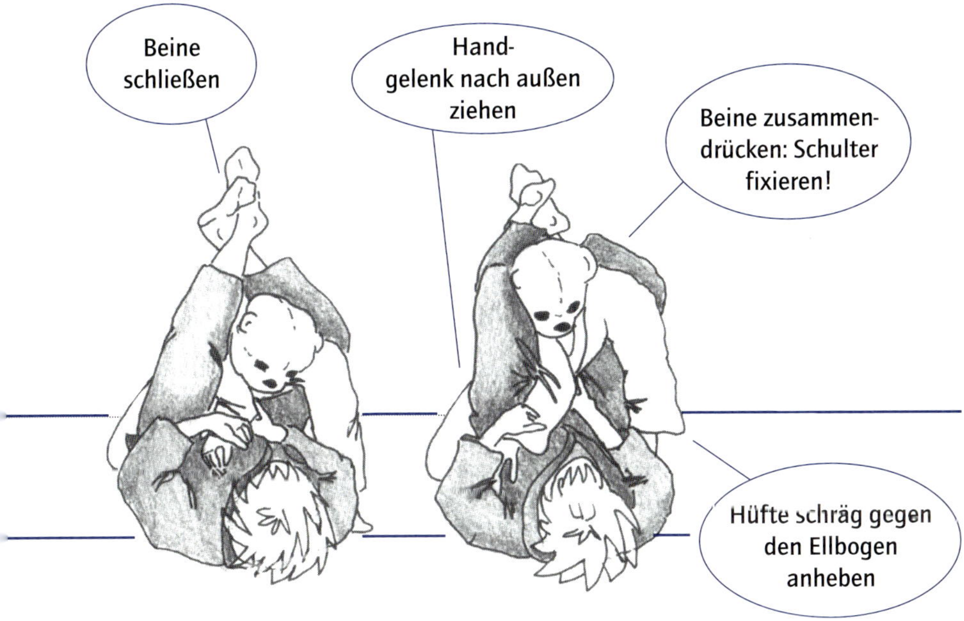

Schnappe dir sein Handgelenk,
um Kopf und Arm die Beine eng.
Zieh das Handgelenk zur Seite –
die Hüfte nun zum Hebel schreite!

Bodentechniken

Das einfache Scheren zum Haltegriff hast du schon kennen gelernt. Zum Abschluss wird dir hier eine Schertechnik gezeigt, die du mit Haltegriff, Hebel und Würger gleichzeitig beenden kannst.

FUSS EINHAKEN

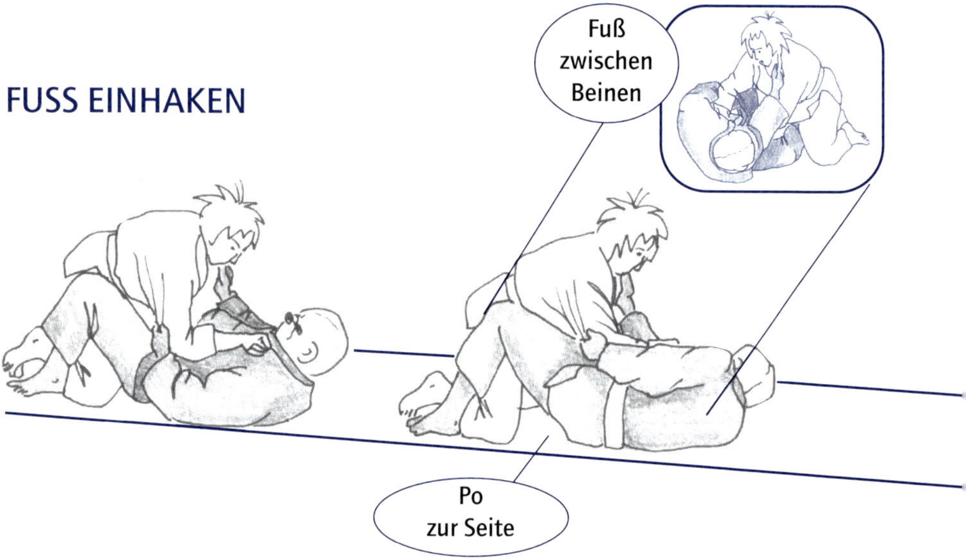

WICKELN

Scheren mit KANUKI GATAME und JUJI JIME

ZUM MITLESEN:

Du befindest dich in der Rückenlage und hast den Partner zwischen den Beinen. Wie beim Scheren musst du zunächst einen Fuß zwischen seine Oberschenkel bekommen. Dazu setzt du deine Beine auf und schiebst den Po zur Seite. Der Fuß deines unteren Beins geht an die Oberschenkelinnenseite deines Partners. Nun rutschst du wieder unter den Partner (Knie außen). Deine Hand wickelt jetzt „schlangengleich" seinen Arm von innen nach außen und wieder nach innen ein, wo du schließlich in das von der anderen Hand bereitgehaltene Revers des Partners fasst. Der Arm des Partners wird dadurch in deiner Achsel eingeklemmt. Deine nun frei gewordene Hand fasst an seinem Kopf vorbei am Nackenrevers auf seinen Rücken, Handkante am Hals.

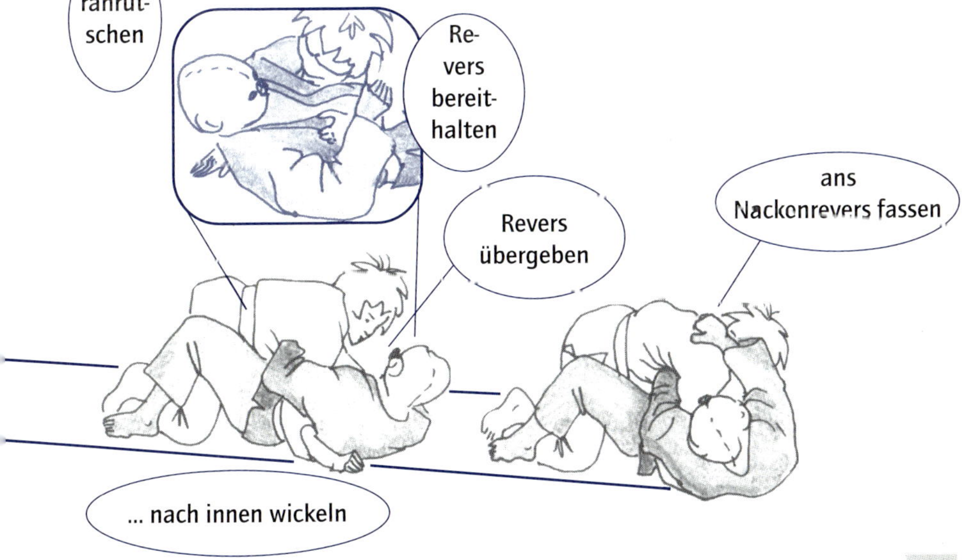

Bodentechniken

Nach den Vorbereitungen mit Fuß und Fassart schließen wir die Technik mit dem Scheren und drei Wertungstechniken ab.

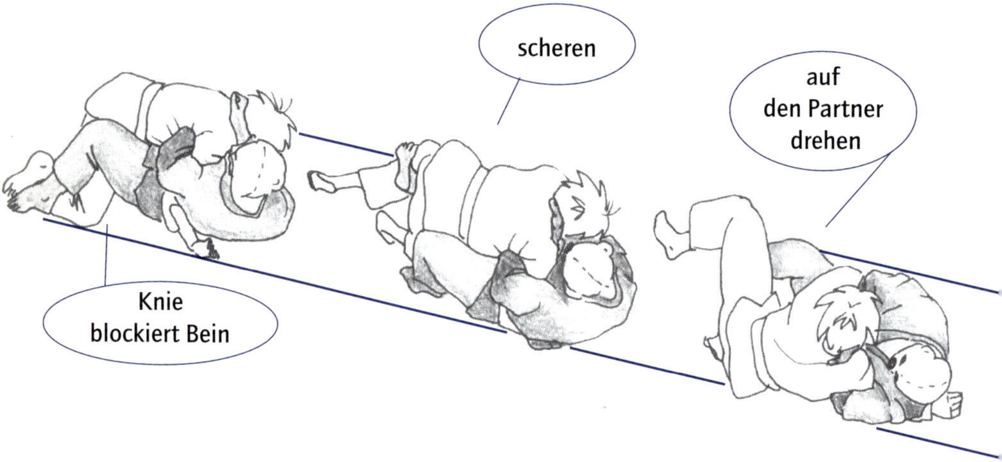

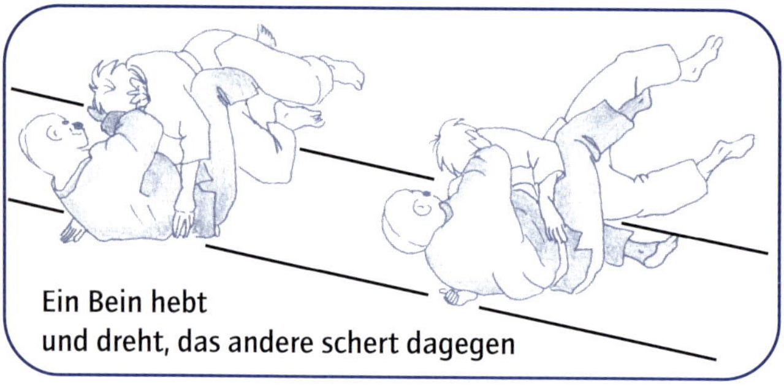

Ein Bein hebt
und dreht, das andere schert dagegen

ZUM WEITERLESEN:

Nun scherst du seine Beine und drehst dich auf den Partner. Dein Unterarm drückt nun wie beim MARHENKE-Würger quer über den Hals des Partners und die andere Hand zieht sein Revers an. Wenn du nun den Oberkörper aufrichtest und dein Bein aufsetzt, kannst du den gewickelten Arm zusätzlich überstrecken. Als Haltegriff gilt die Technik ohnehin.

Scheren mit KANUKI GATAME und JUJI JIME

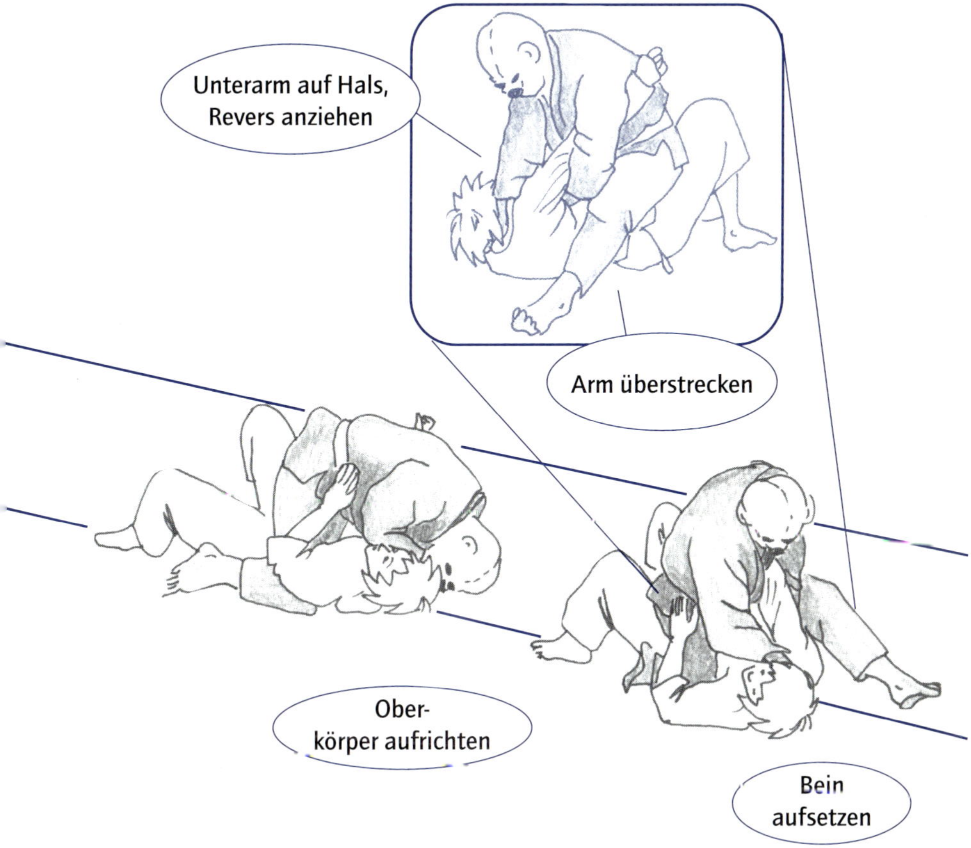

Mit dem Fuß an seinem Bein wickle den Arm des Partners ein.
An den Hals dann flink gefasst, scherst du über seine Last,
kannst dich dann auf den Partner drehen,
ihn halten, hebeln, würgen gehen!

Bodentechniken

Aufgabe 1
Welche beiden Techniken stellen diese Bilder dar?

Wo liegen die Unterschiede zwischen diesen Techniken?

Aufgabe 2
Wann ist es sinnvoll, KOSHI GARAMI anzusetzen, wann solltest du eher SANKAKU JIME wählen?

ÜBUNGEN
(Angriffe aus der eigenen Rückenlage)

Aufgabe 3
Welche anderen Angriffe kennst du aus der Unterlage?

Aufgabe 4
Das Bild stellt einen Beugehebel dar, den du schon kennst. Welchen?

Aufgabe 5
Bei welchen Techniken hast du die Möglichkeit, zwei IPPON-Techniken gleichzeitig anzusetzen?

Herzlichen Glückwunsch, Braungurt! Wie soll es denn nun weitergehen? Sicher hast du auch schon einmal daran gedacht. Noch ein paarmal zum Training und dann allmählich Schluss, weil man ja nun „alles kann"?

Weit gefehlt – du bist „Anfänger", so seltsam das jetzt für dich klingt! Das ist erst der Anfang deines Judolebens. In Japan tragen die Schüler oft ihre bunten Zwischengürtel nicht einmal, da sie sie als vorübergehend betrachten und als Beginn ihrer Judoentwicklung den 1. DAN-Grad (Schwarzgurt) ansehen. Dieser gilt als die unterste Stufe auf einer zehnstufigen Leiter für die zehn DAN-Grade, deren Fundament die Kyugrade, die Schülergrade mit den bunten Gürteln, bilden.

Damit markiert der 1. DAN wirklich den Beginn, denn ganz allmählich reift nun erst das Verständnis für die vielen verschiedenen Techniken im Judo, ihre Varianten und Voraussetzungen, das gezielte Weitergeben des eigenen Wissens an andere und so fort.

Ein erster Ausdruck dieses erweiterten Verstehens ist zum Beispiel die NAGE-NO-KATA, die von dir neben guten Technikkenntnissen für den Erwerb des schwarzen Gürtels gezeigt werden soll. Würfe nahezu perfekt im Zusammenspiel mit dem Partner zu demonstrieren, wird von Wettkämpfern gern als „Judoballett" belächelt, zum besseren Verstehen der Techniken und ihrer Herkunft trägt es jedoch erheblich bei, weshalb die Kata als Prüfungsbestandteil auch immer gefordert wird.

Für Liebhaber von Bodentechniken ein Trost: Zum 2. DAN wird dann die GATAME-NO-KATA, eine Bodenkata, erlernt, die den Überblick über die verschiedenen Technikgruppen am Boden über die kritische, interessierte oder auch begeisterte Beschäftigung mit der Kata und ihrem Aufbau noch einmal erweitert.

Später werden die Prüfungsanforderungen dann variabler, neben vorgeschlagenen weiteren Kata kann sich der Anwärter auch eine eigene Kata zu bestimmten Themenkreisen sinnvoll zusammenstellen, was wirklich ein gutes Verständnis der Techniken und der Voraussetzungen für ihre Anwendung erfordert. Einfach, meinst du? Dann stell dir doch beispielsweise einmal für das Thema „Stand-Boden-Übergänge" eine sinnvolle und machbare eigene Kata zusammen und versuche, sie mit deinem absoluten Lieblingspartner auszuprobieren, Spaß macht es auf jeden Fall:

UKEs Aktion:

TORIs Aktion:

Bodentechniken

Keinen Anspruch auf Vollständigkeit erhebt dies kleine Wörterbuch der im Buch verwendeten japanischen Begriffe. Sie mögen für dich schwierig zu behalten sein, es ist aber trotzdem lohnend, sie zu wissen, denn sie können ungefähr das Gleiche wie ein Spickzettel in der Schule: Ihre Bedeutung hilft dir sofort, dich zu erinnern, wie du eine Technik ausführen solltest!

ASHI	Fuß, Bein
ERI	Kragen
GAESHI	kontern
GARAMI	beugen, verdrehen
GARI	sicheln
GATAME	unbeweglich machen, kontrollieren, fixieren
GURUMA	Rad
GYAKU	umgekehrt
HADAKA	nackt, frei
HAJIME	Anfangen!
HARA	Bauch
HASAMI	einklemmen
HIDARI	links
HIKKOMI GAESHI	nicht bewerteter (aber erlaubter) Übergang in den Boden
HIKKOMI	ziehen
HISHIGI	überstrecken
HIZA	Knie
HON	Haupt, Basis, Wurzel
JIME	würgen
JUJI	über Kreuz
KAMI	oben, von oben
KANSETSU WAZA	Hebeltechniken
KANUKI GATAME	Riegelstreckhebel
KATA	Schulter, ein(s)
KESA	Schärpe
KO	klein
KOMI	ziehen
KOSHI	Hüfte
KUZURE	Abart, Spielart, Variante
MAKI KOMI	mitfallen, einrollen
MATTE	Stopp!

KLEINES JAPANISCHES WÖRTERBUCH 1

MIGI	rechts
MUNE	Brust, Oberkörper
NAGE	Wurf
NE WAZA	Bodentechniken
O	groß
OKURI	beide, beidseitig
OSAE KOMI	Haltegriff gilt!
OTOSHI	Sturz
RANDORI	Übungskampf
RYO	zwei
SANKAKU	Dreieck
SASAE	stoppen
SEOI	Rücken, Schulter
SHIHO	vier Punkte
SHIME WAZA	Würgetechniken
SONE MAMA	Nicht bewegen!
SOTO	außen
SUMI	Ecke
TAI	Körper
TANI	Tal
TATE	längs, senkrecht
TAWARE	drehen
TE	Hand
TOKETA	Haltegriff gelöst!
TOMOE	wirbeln, verdrehen
TORI	Angreifer
TSURI	heben
UCHI	innen
UDE	Arm, Unterarm
UKE	der Angegriffene
UKEMI	Fallübung
UKI	schweben
USHIRO	rückwärts, rückwärtig, von hinten
WAKI	Seite
YOKO	seitlich

KLEINES JAPANISCHES WÖRTERBUCH 2

A. ARMLÖSEN

Es gibt mehrere Möglichkeiten der Verteidigung gegen JUJI GATAME. Die einfachste ist das **Anwinkeln** des Arms.

Um einen angewinkelten Arm zu lösen und anschließend zu hebeln, gibt es mehrere Wege:

Hier kannst du noch weitere japanische Begriffe eintragen, die du im Verlauf deines Judolebens kennen lernst und gern behalten möchtest:

MAKURA ____________ = Kopfkissen ____________

____________ = ____________

____________ = ____________

____________ = ____________

____________ = ____________

____________ = ____________

____________ = ____________

____________ = ____________

____________ = ____________

____________ = ____________

____________ = ____________

____________ = ____________

____________ = ____________

KLEINES JAPANISCHES WÖRTERBUCH 2

=

=

=

=

=

=

=

=

=

=

=

=

=

=

=

=

=

Bodentechniken

Hier hast du noch einmal zusammengefasst die Prüfungsvorgaben, die du für die einzelnen KYU-Stufen (Gürtel) erfüllen musst. Die Vorschläge zum Technikkanon, der diese Vorgaben ausfüllt, findest du den Techniken zur jeweiligen Gürtelstufe als Einleitung vorangestellt.

ORANGEGRÜN (Mindestalter zehn Jahre):

Übergang Stand-Boden
Zwei Haltegriffe gegen einen misslungenen TOMOE NAGE.
Oberlage
Fünf Angriffe (UKE in Bank oder Bauchlage) aus mindestens drei unterschiedlichen Ausgangspositionen von TORI.
Unterlage
Drei Angriffe aus der Rückenlage (UKE zwischen TORIs Beinen) unter Ausnutzung von UKEs Aktionen (bzw. Reaktionen), die mit einer Bodentechnik beendet werden sollen.

GRÜN (Mindestalter elf Jahre):

Übergang Stand-Boden
Zwei Würfe mit unterschiedlichen Haltetechniken weiterführen.
Oberlage
Zwei Verkettungen vom Halten zum Hebel.
Unterlage
a) Aus TORIs Rückenlage • UDE GATAME • ASHI GATAME. **b)** Aus TORIs Bankposition • WAKI GATAME • Ein weiterer Angriff.

AUSZUG AUS DER BODENPRÜFUNGSORDNUNG

BLAU (Mindestalter zwölf Jahre):

Übergang Stand-Boden

a) HIKKOMI GAESHI mit anschließendem Haltegriff.
b) Zwei Formen des Gegenangriffs mit einer Bodentechnik nach UKEs erfolglosem Angriff mit einer Wurftechnik.

Oberlage

- OKURI ERI JIME
- JUJI JIME
- HADAKA JIME

Je ein Anwendungsbeispiel aus typischen Standardsituationen des Bodenkampfs.

Unterlage

Zwei Würgetechniken aus TORIs Rückenlage.

BRAUN (Mindestalter vierzehn Jahre):

Übergang Stand-Boden

Anwenden je einen als:

- Weiterführung des eigenen Angriffs und als
- Übernahme des gegnerischen Angriffs.

Oberlage

Herausarbeiten je eines Haltegriffs, Armhebels und Würgegriffs aus der Standardsituation Bank-/Bauchlage:

- von der Kopfseite
- von der Seite
- aus dem Reitsitz
- von hinten.

Unterlage

Drei Gegenangriffe aus der eigenen Rückenlage bei unterschiedlichen Angriffen UKEs.

4. AUSSCHNEIDEBÖGEN

Hier findest du alle Bilder und Zeichnungen, die du im Verlaufe der Übungen in diesem Buch zum Ausschneiden und Einkleben benötigst.

Rad aus YOKO TOMOE NAGE

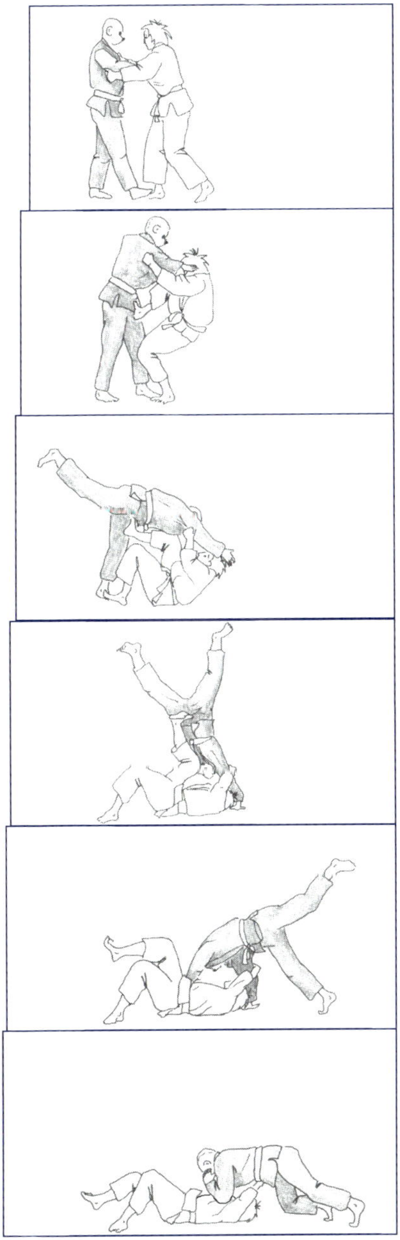

5. NACHWORT

So, damit habt ihr euch durch dies Buch gearbeitet und seid schon ein gutes Stück weiter auf dem Weg zum „Bodentechniker". Ihr habt ein wenig Einblick bekommen in die vielen Möglichkeiten, die der Bodenkampf euch bietet, und habt einige der Techniken hoffentlich aus eigener Erfahrung bereits schätzen gelernt.

Bei Fragen und Problemen helfen euch sicher eure Übungsleiter weiter.

Aber auch bei den Bodentechniken ist es wie im Stand: Eine Technik lernt sich nicht vom Lesen allein und viel Wiederholung ist nötig, um eine Bewegung nicht nur zu kennen, sondern auch zu können!

Nur wer fleißig wieder und wieder übt, wird „seine" Lieblingstechniken später beherrschen, ohne vorher lange überlegen zu müssen, und solch eine Pause zum Nachdenken wird euch kein Gegner gönnen ...

Viel Spaß beim Trainieren und immer einen geduldigen Partner wünschen euch

Eure kleine Hexe und euer kleiner Bär

Übrigens:
Hexe und Bär gibt es wirklich:

Dahinter verstecken sich zwei, die dies Buch für euch erstellt haben:

Der kleine Bär heißt in Wirklichkeit Björn Deling und blickt auf über zwanzig Jahre Judoerfahrung zurück. So alt schaut er noch gar nicht aus, nicht wahr? Er hat wie ihr als Kind mit dem Judosport begonnen und dann als aktiver Wettkämpfer viele Erfahrungen gesammelt, zum Beispiel, dass er viel und genau üben musste, um schließlich Deutscher Meister im Judo zu werden, aber das wisst ihr ja nun sicher auch schon. Seine Erfahrungen gibt er als Trainer seit vielen Jahren an Kinder im Wettkampf- und Breitensport weiter.

Die Idee zu diesem Buch hatte er gemeinsam mit der kleinen Hexe, als sie beide von den Kindern immer wieder gefragt wurden, was sie denn für die Prüfung lernen und üben könnten. Da hat er das, was für die gute Ausführung der verschiedenen Techniken wichtig ist, einmal für euch zusammengestellt und aufgeschrieben.

Die kleine Hexe heißt in Wirklichkeit Dr. Hedda Sander. Sie ist selbst seit vielen Jahren Übungsleiterin und weiß von ihren eigenen drei Kindern, die wie sie selbst auch alle am Judo Spaß haben, wie wichtig Zeichnungen zum Verstehen von Techniken sind. So hat sie sich hingesetzt und für euch den kleinen Bären und die kleine Hexe entworfen, die sich als Comicfiguren durch dies Buch trollen und gemeinsam üben.

Dazu hat sie gemeinsam mit dem kleinen Bären alle Techniken, die ihr braucht, ausgeführt und auf Video aufgezeichnet. Aus diesen Videoaufnahmen sind dann in langer Arbeit die Zeichnungen entstanden, die ihr hier wie zu einem Zeichentrickfilm zusammengestellt für jede Technik seht. Dabei ist ihr die Darstellung von Einzelheiten, die für eine gute Ausführung der jeweiligen Technik entscheidend sind, sehr wichtig gewesen, damit ihr auch die Bilder „lesen" könnt, wenn euch einmal ein Kommentar dazu unklar ist.

An dieser Stelle möchten Hexe und Bär sich noch einmal bei allen bedanken, die sie durch fruchtbare Diskussionen und geduldiges Korrekturlesen unterstützt haben. Besonders geholfen haben uns die wertvollen Anregungen von Heiner Sauer und die gründliche Durchsicht der Bilder von Gottfried Burucker. Ebenfalls herzlich bedanken möchten wir uns bei Hermann Roßberg und der Bereitschaftspolizei Braunschweig für die großzügige Bereitstellung des Dojo.

Hedda Sander/Björn Deling

BÄRENLÖSUNGEN FÜR HEXENFRAGEN

Lösungsbeiheft zum Lehrbuch
Judo – das gesamte Bodenprogramm
von orangegrün bis braun

Anhang

Hier im Anhang findest du die Antworten auf alle im Buch gestellten Übungsfragen. Die japanischen Begriffe kannst du extra im Wörterbuch finden!

ORANGEGRÜN

Seite 24/25

1. Rad über TOMOE NAGE.
2. Beschleunigen, Überdrehen, Übernehmen von UKEs Bewegung.
   Blocken.
3. YOKO TOMOE NAGE zum JUJI GATAME.
   YOKO TOMOE NAGE zum UDE GATAME.
   O SOTO OTOSHI zum KESA GATME.
   Aussteigen aus YOKO TOMOE NAGE: Rad zum KAMI SHIHO GATAME.
   Blocken von TOMOE NAGE: zum YOKO SHIHO GATAME.
   BLOCKEN vom KOSHI GURUMA und Nachgehen zum Haltegriff.
4. ... mein Partner stehen bleibt, ich aber noch drehen kann ...
   ... mein Partner blockt und ich nicht mehr drehen kann ...

Seite 32/33

1. Gummiknie und tiefer Schwerpunkt; Hüfte entgegen der Eindrehbewegung des Partners vor; den Arm des Partners weiterführen; Hand im Rücken des Partners schiebt ihn energisch weg und belastet ihn.
2. Damit er sich nicht auf dich dreht!
3. Mit der Rechten.
4. Um ihn rund zu machen, damit du ihn überrollen kannst.

Seite 40/41

1. Scheren, UDE GARAMI, Überrollen, Russenhebel zum JUJI GATAM/zum UDE GATAME, Quetsche.
2. links = Russenhebel zum JUJI GATAME.
   Mitte = Scheren.
   rechts = Quetsche.
3. GARAMI; GATAME; HISHIGI; UDE; JUJI; KAMI; SHIHO; KESA; YOKO; TATE; KATA.

GRÜN

Seite 50/51

1. YOKO SHIHO GATAME.
2. Weil der Partner noch mit dem Fallen beschäftigt ist und nicht gut reagieren kann.
3. Angriff zwischen den Beinen außenherum/innen durch/Übergang zum Angriff gegen die Bauchlage.
   Klammern; Quetschen; Scheren.

LÖSUNGEN

Seite 64/65

1. Weil ein gut gehaltener Haltegriff sicherer als ein Hebel ist.
2. Haltegriffwechsel zum YOKO SHIHO GATAME; UDE GATAME aus TATE SHIHO GATAME.
3. UDE GARAMI, seinen Arm befreit.
   UDE GATAME, meinen Körper wegdrückt.
   WAKI GATAME, meine Schulter hochdrückt.
5. Weil die Handgelenke wie beim Gasgeben beim Motorrad gehoben werden.
6. Der Reihenfolge von links nach rechts folgend:
   UDE GATAME; JUJI GATAME; UDE GARAMI; HIZA GATAME; WAKI GATAME.
7. Russenhebel zum JUJI GATAME, Russenhebel zum UDE GATAME,
   UDE GARAMI, HIZA GATAME, UDE GATAME.

Seite 66/67

8./9.KESA ASHI GATAME:

Knie auf Hand;Oberkörper belastet Schulter; Ellbogen liegt auf Oberschenkel; Hebelbewegung durch Herunterdrücken der Hand.

UDE GATAME:

Hand zwischen Kopf und Schulter eingeklemmt; Schulter durch Beine oder durch Druck der Arme fixiert; Ellbogen wird von den Händen gedrückt; Hebelbewegung duch Drehen und Drücken auf den Ellbogen.

JUJI GATAME:

Hand auf Handgelenk; Beine fixieren Schulter; Hüfte unter Ellbogen; Hebelbewegung durch Anheben der Hüfte und Herunterdrücken der Hand.

UDE GARAMI:

Hand belastet Handgelenk; Oberkörper belastet Schulter; Unterarm unter Ellbogen, Hebelbewegung: durch Anheben der Handgelenke wird der Ellbogen gehoben.

HIZA GATAME:

Hand am Handgelenk; Fuß belastet Schulter; Knie auf Ellbogen; Hebelbewegung durch Herunterdrücken des Knies.

WAKI GATAME:

Hand an Handgelenk; Körperseite belastet Schulter; Körperseite belastet Ellbogen; Hebelbewegung: Gewicht auf Ellbogen bringen (ausatmen) und die Hand anziehen.

LÖSUNGEN

Seite 76/77

2. TATE SHIHO GATAME, du bist in Verlängerung der Längsachse auf dem Partner.
3. Walze; dein Partner kommt von der Seite und greift quer über dich.
4. Aus der Bank:
   Walze, wenn er quer über dich von der Seite her greift.
   WAKI GATAME, wenn er von vorn unter deinen Arm fasst.
5. Gegen die Bank:
   Hebel: Eckersley, Rollhebel, Freudi, JUJI GATAME nach hinten.
   Haltegriffe: Bodensasae, Umdreher gegen die Bank mit Doppelreversfassart/ mit Armkontrolle/nach Blocken.

BLAU

Seite 90/91

2. Weil der Partner sonst seine Wurfbewegung möglicherweise fortführen kann.
3. Weil es zeitsparend ist, die Fassart nicht noch einmal aufnehmen zu müssen, denn der Partner hat sonst Zeit, seine Verteidigung aufzubauen.

Seite 100/101

1. Ins Revers fassen und drehen; Rollhebel.
2. Noch einmal überdrehen.
3. Mit gekreuzten Händen den Eingang zum Hals hinter den Ohren versperren; nach Möglichkeit auf die Seite drehen.
4. Kopf mit dem Ellbogen zur Seite schieben, Finger fest zusammen und an der freien Stelle am Hals durchbohren.
5. Eine Hand geht unter dem Arm ins Revers, die andere Hand ins Nackenre vers. Der Ellbogen schiebt den Unterarm quer über den Hals, die andere Hand zieht das Revers herunter.

Seite 108/109

1. MARHENKE I, II, III.
2. TATE SANKAKU GATAME.
3. Hals belasten, Fuß in die Leiste, Po hoch, ruckartig dein Bein herausziehen.
4. Bein abstreifen, umdrehen zum TATE SHIHO GATAME und dort weiter würgen.

LÖSUNGEN

BRAUN

Seite 128/129

1. TANI OTOSHI zum YOKO SHIHO GATAME; YOKO TOMOE NAGE zum YOKO SHIHO GATAME oder Russenhebel; Laats zum YOKO SHIHO GATAME; SUMI GAESHI zum TATE SHIHO GATAME; TOMOE NAGE zum YOKO oder TATE SHIHO GATAME; KO UCHI MAKE KOMI zum YOKO SHIHO GATAME.
2. Nach misslungenem Wurf: Russenhebel zum UDE GATAME/JUJI GATAME. Nach gelungenem Wurf: YOKO SHIHO GATAME.
3. Schulterrad; Bein seitlich vor dem Partner.
4. Weil du sonst für jeden Wurf einen neuen Partner brauchst!
5. Hüfte ist stärker als der Arm; es kann mit zwei Armen gehebelt werden; es gibt viele Möglichkeiten, zum Hebel zu gelangen.
6. Du übernimmst die Bewegung und beschleunigst in Bewegungsrichtung.

Seite 138/139

1 TATE SANKAKU GATAM/SANKAKU JIME,
beide als Angriff aus der eigenen Rückenlage.
Haltegriff und Würger.
2. Blocken, belasten, umlaufen.
3. Beispiel: Arm festgelegt, aber Beine wie bei GYAKU KESA GATAME.
4. Um das Dreieck enger schließen zu können.

Seite 148/149

1. Wenn der Partner mit seiner Hand nicht in die Hose gefasst hat.
2. Wenn der Partner aufbrückt.
3. Du musst zu UKEs Bein fassen, dabei sollen deine Beine geschlossen bleiben (Dreieck!).
4 Aufbrücken.
5. Du fasst mit der Hand an das gegenüberliegende Revers des Partners.

Seite 154/155

1. Wenn UKE sich aufrichtet, rolle ich nach vorn.
Wenn UKE sich nicht wehrt, kippe ich über das Hakbein.
Wenn UKE gegenstemmt, kippe ich über das Riegelbein.
2. Der Partner kann sonst aus der Technik entkommen.
3. Um dem Partner eine Verteidigung zu erschweren.
4. Bank dicht machen und nicht einsteigen lassen.
Aufbrücken.

LÖSUNGEN

Seite 162/163

1. Gewürgt wird mit einer Hand.
   Rollen zum KATA TE JIME:
   gewürgt wird mit der Hand; Gegenpol ist die Hand, die den Oberschenkel so fixiert, dass der Partner sich nicht wegdrehen kann.
   Gewürgt wird mit der Hand; Gegenpol: Bein über dem Körper des Partners/ Hand um den Oberschenkel des Partners, die sein Wegdrehen hindert.
   Seitliche Rolle zum KATA TE JIME:
   Gewürgt wird mit der Hand; Gegenpol ist Handrücken oder Unterarm.
2. Rollen zum KATA TE JIME, Tauchrolle zum KATA TE JIME, seitliche Rolle zum KATA TE JIME.
   Die Art der Rolle um den Partner.
3. Tauchrolle zum JUJI GATAME.

Seite 170/171

1. links = SANKAKU JIME, nur ein Arm eingeklemmt.
   rechts = KOSHI GARAMI, beide Arme eingeklemmt.
2. KOSHI GARAMI, wenn der Ellbogen des Partners die Hüfte blockiert, weil er einen Russenhebel erwartet.
   SANKAKU JIME, wenn der Partner mit der Hand unter dem Bein durchfasst.
3. Siehe Inhaltsverzeichnis: Quetsche, TATE SANKAKU GATAME, Scheren mit KANUKI GATAME, Scheren zum Haltegriff usw.
4. UDE GARAMI.
5. SANKAKU.
   Scheren mit KANUKI GATAME und JUJI JIME.